フランス人と気の長い夜ごはん

酒巻洋子

PRÉPARATION DU DÎNER À LA FRANÇAISE

フランス風夜ごはんの支度

今回、「フランスの夜ごはん」について執筆するにあたり、周りにいるフランス人に初めて「普通の日の夜ごはんは何を食べているの？」と聞いてみました。自宅では私が料理を作るし、他所の家で夕食を食べるのは招待された時のため、「フランス人の普通の日の夜ごはん」を実は私も知らなかったのです。

聞いてみるとスープやサラダと答える人が多くてびっくり！ フランス人の日常の夜ごはんって、実際にとても質素なものなのです。でもこれは、家族の構成や年齢、職種、曜日によってもバラエティーに富みます。フランスの北西部、ノルマンディー地方でフランス人のパートナー、ファンファンと暮らす我が家の夜ごはんも、フランス人の中でもちょっと独特かもしれません。

詳細はこれからお話しするとして、我が家で普通に食べているフランス風夜ごはんですが、よく考えてみると不思議なことがいっぱいあります。なぜならば、現在のフランスの食卓文化は、さまざまな歴史をベースに成り立っているものなのですから。一朝一夕では作りえないこの奥深さこそが、私たち日本人を魅了してやまない点なのでしょう。世界に名だたる美食の国、フランスの「普通の日の夜ごはん」を、みなさんも、どうぞ一緒に楽しんでみませんか？

‹LE DÎNER DES INVITÉS›

招待する日の夜ごはん

Les français aiment inviter à la maison.
自宅に招待するのが好きなフランス人 ……… 078

Les couples en France.
カップル社会のフランス ……… 084

Le moment d'apéritif.
アペリティフの時間 ……… 090

Le service de grand-mère.
おばあちゃんの食器セット ……… 096

Ce n'est pas facile de préparer le repas des invités.
大忙しな招待料理……… 102

Du vin, de l'eau et les toilettes.
ワインと水とトイレの関係 ……… 110

On mange dehors même s'il pleut.
雨が降っても食べるのは屋外 ……… 116

Le plaisir de partager le repas.
みんなで食卓を囲む幸せ ……… 120

Tous nos plats sont faits à la maison avec des produits français.
Accepter la carte bleue à partir de 10€.
Prix net service compris.(15% sur HT)

MENU

‹LE DÎNER QUOTIDIEN›

普通の日の夜ごはん

Le dîner quotidien à la française.
フランスの普通の日の夜ごはん ……… 010

La base de la cuisine familiale, c'est la soupe !
家庭料理の基本はスープ ……… 014

Le repas familial est servi à la russe.
家庭でもコース仕立て ……… 020

Le pain est essentiel pour les français.
なくてはならないパン ……… 024

On commence le repas par l'entrée.
食事の始まりはアントレ ……… 028

Les français apprécient la viande.
肉食のフランス人 ……… 036

La sauce fait manger le poisson.
ソースが魚を食べさせる ……… 044

Essayez de cuisiner à la française.
フランス風クッキング ……… 050

La salade est une entrée ou après un plat ?
サラダは前菜かメインの後か ……… 056

Un peu de fromage pour finir mon pain.
パンを食べ終わるためにフロマージュを少々 ……… 062

On ne peut pas finir un repas sans dessert.
デザートなしでは食事を終えられない ……… 068

‹LE DÎNER QUOTIDIEN›

普通の日の夜ごはん

10

Le dîner quotidien à la française.

フランスの普通の日の夜ごはん

「ディネ[1]」。

この優雅な雰囲気が漂う言葉は、フランス語で「夜ごはん」という意味です。ただし、現在で言う夕方に食べる食事を「ディネ」と呼ぶことがフランスで一般化したのは、19世紀以降のこと。それ以前は階級によって生活様式が異なったため、貴族と農民では食事の時間にも差があったのです。近代化とともに食事の時間が変動し、1日の最初に食べる食事を「デジュネ[2]」、午後に食べる食事を「ディネ」、夜遅くに食べる食事を「スペ[3]」と呼ぶようになります。ようやく20世紀になってから、朝ごはんの「プティ・デジュネ[4]」という言葉が生まれ、昼ごはん「デジュネ」、夜ごはん「ディネ」と、現在のように1日3回、ほぼ決められた時間に食事を取るスタイルが確立しました。

一般的にフランスでの夜ごはんの時間は20時前後。フランスのテレビで夜のニュース番組が始まるのが20時ということからも分かる通り、夕食の時間は日本よりも遅いのです。日の出や日の入りの時間、シ

---

(1) **ディネ【dîner】** 夜ごはん。元々は「断食を絶つ」という意味があり、起床してから最初に取る食事を指しました。
(2) **デジュネ【déjeuner】** 昼ごはん。ディネ同様、1日の最初に取る食事を指したことも。
(3) **スペ【souper】** 夜食。現在でも観劇などの後に取る夜遅い食事のことを言います。
(4) **プティ・デジュネ【petit-déjeuner】** 朝ごはん。以前は「軽いデジュネ」という意味合いがありました。

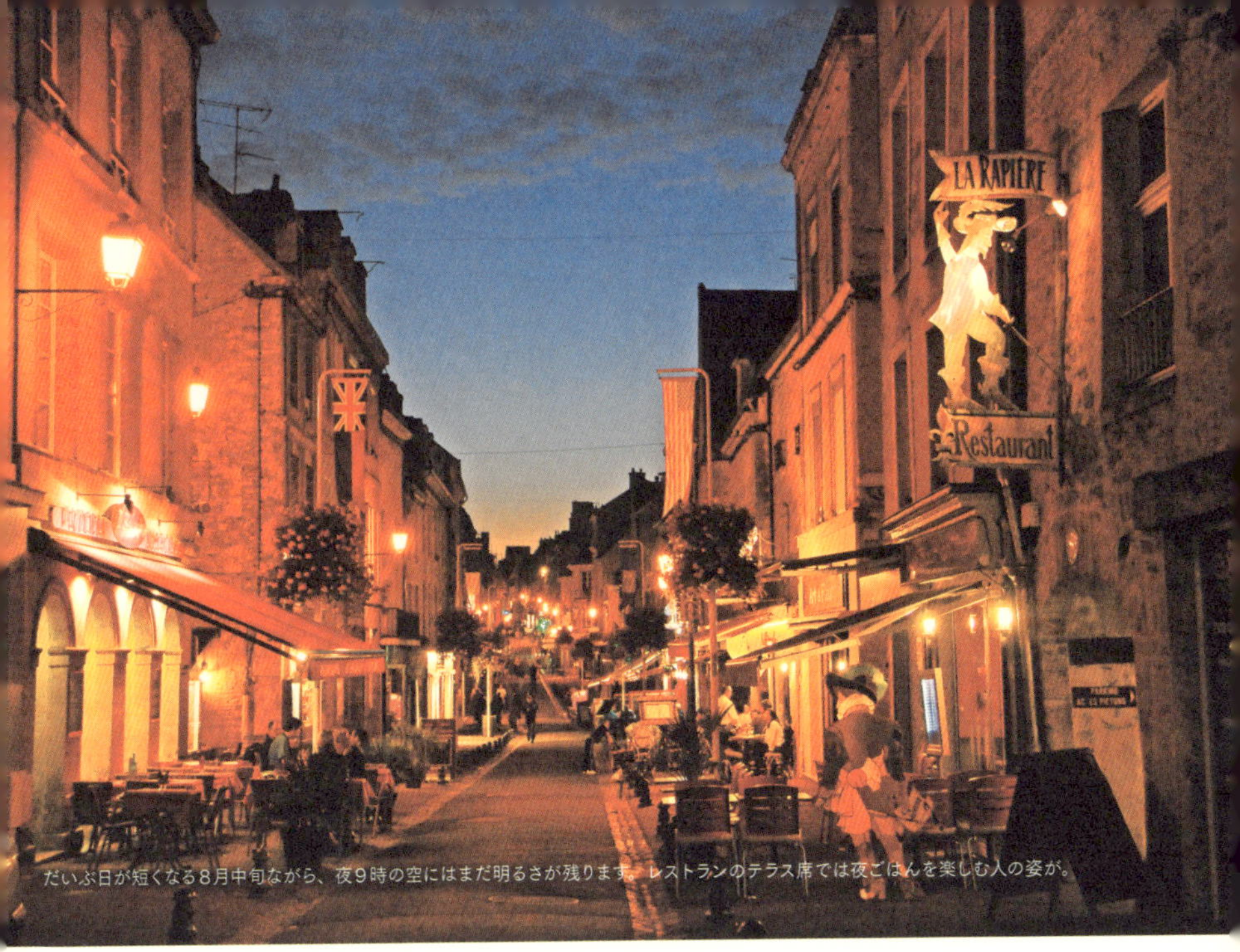

だいぶ日が短くなる8月中旬ながら、夜9時の空にはまだ明るさが残ります。レストランのテラス席では夜ごはんを楽しむ人の姿が。

エスタの有無によっても、世界各国の食事の時間は異なると言います。しかしながらフランスの場合は夏時間があるため、夏はようやく日が傾き始める時間だったとしても、冬は真っ暗になってから食卓に着くことに。一言で夜ごはんと言っても、季節によって印象はガラリと変わります。

その昔は「スペ」と呼ばれていたことからも分かるように、フランスの庶民の夜ごはんはスープを中心とした簡単なものでした。「デジュネ」または「ディネ」と呼ばれた、昼前から午後にかけて食べる食事が、1日のうちで一番重要で、ボリュームのある内容だったのです。そんな伝統的習慣もあって、今でもフランスでは昼ごはんをたっぷり、夜ごはんを軽めに取る人が多いようです。イギリスの市場調査会社、カンター・ワールドパネルの2015年の調査によると、フランス人が夕食によく食べるメニューは、1位パスタ、2位キッシュ(5)・タルト(6)・ピザ、3位スープ、4位ハムがベースの1品、5位サラダ、6位卵料理と続きます。

(5) **キッシュ【quiche】** 形作った生地に卵、生クリーム、ベーコンを入れ、チーズをのせて焼いたもの。
(6) **タルト【tarte】** 形作った生地にさまざまな具を入れて焼いたもの。フルーツをのせた甘系のデザートもあります。

日本でいうところのランチメニューのような軽い内容です。しかも、多くがメインとなるひと皿にデザートをつけるだけという構成。フランスの食卓に欠かせないフロマージュ(7)でさえ、3回に1回ほどの登場回数だとか（65歳以上は2回に1回）。なんとも質素ではありませんか！

　そもそも一般的に日本人が思い描くフランス料理とは、高級レストラン(8)でサービスされる洗練された上品な料理のことでしょう。このレストランのフランス料理とは、王侯貴族からブルジョワ(9)階級によって発展した宮廷料理がベース。フランス革命で職を失った王侯貴族お抱えの調理人たちが、パリや地方都市でレストランを開いたことをきっかけに、その後世界に名だたる高級料理として進化してきました。2010年、ユネスコの無形文化遺産として登録された「フランス流の美食術」とは、貴族社会の遺産なのです。自分の地位や権力を見せつけるために、豪華さを競った宮廷料理に対して、民衆の大部分が農民だった時代、庶民が食べていたものは質素で素朴な料理でした。したがって、レストランで食べる料理と普通の家庭で食べる料理に大きな違いがあるのは当然のこと。私たち日本人が勝手にイメージする「お洒落なフランス人」とは一部の上流階級の人々のことで、普通のフランス人の生活は以外に質素倹約なのも当たり前なのです。

　例えば、若いノルマン女(10)のマリー・オードは伝統的なフランスの食事スタイル。同棲しているパートナー

(7) **フロマージュ【fromage】** チーズ。ラテン語の「フォルマ」に由来し、そもそもはカードと呼ばれるフレッシュチーズを入れるための型を指す言葉でした。
(8) **レストラン【restaurant】**「体力を回復させる」という動詞 restaurer が語源で、最初はスープや肉、卵がベースの滋養食を出す食堂だったのです。
(9) **ブルジョワ【bourgeois】** 元々は中世都市に住む市民を指した言葉で、近代に有産階級や資産家を意味するように。

とともに会社員で、お互いの会社は車で15分圏内にあります。マリー・オードは2時間、彼は1時間の昼休みで2人とも毎日家に帰って昼ごはんをしっかり食べる派。「時間がかかる料理は前夜に作って置いて昼に温めるだけ。さっと焼くだけの肉料理に簡単な付け合わせの野菜を添える形が多いわ。肉類を食べるのは基本的に昼で、夜はスープやサラダで軽く済ませる感じ」。まさに昔ながらの食事の仕方ですが、今や少数派でしょう。3人家族のパリジェンヌ(11)、ケイラは「昼は各自別々に、外でサンドイッチなどを軽く食べることが多いから、夜にしっかり食べるわ。夜ごはんはその日にあったことなどを話しながら、家族で食事を楽しむ大切な時間」と言います。多くの人が昼ごはんと夜ごはんの比重バランスで、それぞれの献立を考えているよう。

また、学生から独身、未亡人などの単身者が住人の半数近くを占めるというパリ。おしゃべりをしながら食を楽しむイメージのあるフランス人ながら、実のところ個食の人も多いのが現実なのです。ひとり暮らしの若いパリジャン(12)、アントワンヌは「自分で料理はしない。安い中華のお惣菜を買ったり、ピザを食べたり、もしくは近くにある実家に食べに行く」のだとか。2001年に公開されて大ヒットしたフランス映画の『アメリ』。ひとり暮らしのアメリの食事はパスタとサラダ、お父さんとの食事はスープだったのも、まさにフランスの典型的な食卓を再現していたわけ。たとえ家族で暮らしていても、メンバーの1日のスケジュールが異なれば、みんなで食卓を囲むことも難しくなります。小さな子供がいる家庭では、子供だけ先に食べさせる場合もあるよう。さらに離婚して子供と過ごす日と過ごさない日がある人や、再婚後、お互いの連れ子で家族が増えた再構成ファミリーなど、多種多彩な家族形態があるフランス。昔から階級ごとに異なった「フランスの夜ごはん」は、現在でも家の数だけさまざまなスタイルがあるというわけです。

---

(10) **ノルマン【Normand】** フランス北西部のノルマンディー [Normandie] 地方に住む男性のことで、女性はノルマンド [Normande] と呼びます。本書では分かりやすいように「ノルマン男」、「ノルマン女」と明記させていただきました。
(11) **パリジェンヌ【Parisienne】** パリに住む女性のこと。
(12) **パリジャン【Parisien】** パリに住む男性のこと。

La base de la cuisine familiale, c'est la soupe !

家庭料理の基本はスープ

私たちがイメージする煌びやかなフランス料理が宮廷料理に由来しているならば、フランスの家庭料理の元となるものと言ったら、素朴な「スープ」(1)です。遡ること中世の時代、「スープ」とはふやかしたひと切れのパン(2)を指す言葉でした。固いパンにブイヨン(3)をかけて柔らかくした「スープ」を食べるのが日常の食事だったのです。ブイヨンには肉が入るのは稀で、野菜をベースに油脂を加えて風味をプラスするのが精いっぱいでした。上質の小麦粉で作られた白くて柔らかいパンは貴族用、ライ麦、大麦、燕麦などの混合物のある、ふすま入りの黒くて固いパンは庶民用と、食べ物にも階級があった時代。長期保存ができる表皮の厚い大きなパンを、乾燥してカチカチになった最後のひと切れまで、無駄なく食べ切るための賢い食べ方でもあったのです。火にかけておくだけで調理の手間がかからず、滋養があり、膨れたパンで腹の足しにもなる「スープ」は、貧しい農民にとってはほぼ毎食に登場する主食でした。

---

(1) **スープ【soupe】** その昔、「ふやかしたひと切れのパン」を指したことからも分かるように、現在でもフランス語では「スープを食べる（manger de la soupe）」と言います。
(2) **パン【pain】** フランスではパンの形によってさまざまな名前がついています。
(3) **ブイヨン【bouillon】** 肉や魚、野菜を水で煮て作られる煮汁。スープやソースを作るベースにも使われます。

17世紀、それまで身分の低い者が食べるとされていた野菜が脚光を浴び、ヴェルサイユ宮殿にも王の菜園（ポタジエ[4]）がお目見え。粗野な「スープ」は洗練された「ポタージュ[5]」として宮廷料理に登場します。以前からあったポタージュとは、壺（ポ[6]）の中で野菜や肉などを水やワインと一緒に加熱した料理のことで、汁気が多いものから、煮込み料理までさまざまでした。食事の最初にサービスされたポタージュは、18世紀に現在のような液状となり、材料から味付けまでさまざまなレシピが考案されていきます。

　今やスープにパンを浸すことはあまりなく、日常的にはスープもポタージュも区別せずに言葉を使っています。フランス映画が好きな人ならば、一度は見たことがあるでしょう。前述の『アメリ』のように家庭での食事の場面で必ずや出てくるのがスープ（ポタージュ）。テーブルの真ん中に大きなスープ鉢を置いて、家族みんなのお皿にレードルで取り分けるのが、フランスらしい食卓の風景というわけです。面

（右）昔ながらの「スープ」の形を残しているのが「オニオン・グラタンスープ（スープ・ア・ロニョン）」。熱々のスープの中からふやけたパンが出て来る、パリのカフェの定番メニュー。（左）現在でもパンを浸して食べるのが「魚介のスープ（スープ・ドゥ・ポワソン）」。漉したスープにパン、チーズ、ニンニク風味のアイオリソースを加えて食べます。

(4) **ポタジェ【potager】** 菜園。ヴェルサイユ宮殿の「王の菜園（potager du roi）」は見学することができ、菜園で採れた野菜や加工品などを買うことが可能です。その昔は鋳鉄製のコンロを「ポタジェ」を呼ぶこともありました。
(5) **ポタージュ【potage】** スープとの違いは明確ではないのですが、具を裏ごししたものをポタージュと呼ぶことが多いです。
(6) **ポ【pot】** 壺。昔は調理道具として使った「ポ」の言葉は、いろんな煮込み料理の名前の中に見られます。

白いことに、現在では前菜としてスープが出されても、パンと一緒に食べることはしません。また、スープを食べている時は、ワインも飲まないのがしきたり。その昔は、ボウルに残ったスープにワインを少し加えて最後の一滴まで飲み干したものでしたが。

　そんな何世紀にもわたって庶民の味方であるスープは、現在の働くフランス人女性の味方でもあります。何といっても鍋に野菜を入れて煮るだけで、美味しいスープが出来上がるという手軽さ。圧力鍋やブレンダーを使えば調理時間も大幅に短縮。残り野菜でも作れ、一度に大量に仕込めば何日でも食べられるという、懐にもうれしい経済的料理でも。柔らかく煮た具をつぶしてポタージュにする家庭が多いのですが、濃度の加減や野菜の塊を残すかなど、家ごとにこだわりがあるよう。極細パスタ、ヴェルミセル[7]をスープに加えれば、ボリュームのある一品が完成。腹持ちのいいスープは、昔のようにそれだけで完結する料理となり、後はサラダやフロマージュ

いろんな野菜を混ぜて作るのがフランス流スープ。ラディッシュの葉を使ったスープなど、さまざまなレシピがあります。

(7) **ヴェルミセル【vermicelle】** スープに入れる用の極細のパスタ。

パリ9区にある1896年創業の「ブイヨン・シャルティエ」は、肉屋で売れない屑肉や骨を使ったスープを出す安価な食堂が始まり。現在ではスープはないけれど、大衆食堂の趣を残しています。

で終わらせることもできます。また、冬に食べることが多いスープですが、ここ近年、フランスではスペイン料理のガスパチョ(8)が大人気で、これが夏のスープとして定番になりつつあるようです。

ファンファンの故・パパ(9)は、季節を問わず毎日スープがないとダメな人だったとか。したがってファンファンも子供の頃は、毎日スープを食べていたよう。当時のパン屋さんではスープに浸す用に、2度焼きしてわざと固くしたパンまで売られていたのです。しかしながら、若者を中心に自宅でスープを作る人も食べる人も減ってきています。なんて書いている私自身もスープはあまり作りません。我が家ではメインをしっかり食べるため、基本的に前菜を作らないからです。それでも、秋に日本ではお馴染みの緑色の皮の栗カボチャが手に入ると、作りたくなるのがカボチャのスープ。フランスで一般的なオレンジ色の皮のポティマロン(10)でもいいのですが、水分が多くて味が淡泊なので私にはイマイチ。ほくほくした栗カボチャは蒸してつぶし、牛乳を注いで少々煮たら、仕上げに塩、こしょう、生クリームを加えるだけで美味しいスープになります。

ちなみにフランスの家庭で作るスープには、基本的に肉類を入れません。一度、風味をプラスしようと、このカボチャのスープに細かく切った豚のバラ肉を入れたところ、我が家に食事に来たファンファンのママン(11)に怪訝な顔をされたことがあります。料理のレシピを見てみると肉入りのスープもあるのですが、野菜のスープには肉はもちろん固形スープの素さえ入っていないものが多いのです。ワインやオリーブ油、バターや生クリームを加えるだけで風味は十分というわけ。

それからはうちのカボチャのスープにも何も足さないことにしました。余計なものを足さなくても、野菜の味だけで十分に美味しいのですから。そんな家庭でのシンプルなスープの作り方にも、昔の農民たちの質素倹約な精神が受け継がれているようです。

---

(8) **ガスパチョ【gaspacho】** スペインのトマトベースの冷製スープ。
(9) **パパ【papa】** お父さん。
(10) **ポティマロン【potimarron】** 赤皮栗カボチャ。栗カボチャの一種なのですが、緑皮の方が濃厚な味わいです。しかし、フランスでは赤皮の方が一般的。
(11) **ママン【maman】** お母さん。

19 Le dîner quotidien

（右上）フランスの家庭でも、圧力鍋は調理時間が短縮になると大活躍。（左上）私は粗くつぶした方が美味しいと思うのでマッシャーを使います。同じように茹でたジャガイモをつぶし、少なめに牛乳を加えた「マッシュポテト（ピュレ・ドゥ・ポム・ドゥ・テール）」は大人気の家庭料理。（下）我が家では、普段は装飾になっているスープ鉢ですが、昔ながらの食卓シーンを再現して使ってみました。蓋つきのスープ鉢は、食卓に出してもスープが冷めにくい利点があります。

Le repas familial est servi à la russe.

家庭でもコース仕立て

日本でもお馴染みのフランス料理の食べ方は、コース仕立て。前菜、メイン、デザートといった順番に、それぞれの料理が出てくるスタイルです。この「フランス料理と言えば」で知られるサービスの仕方ですが、実は「ロシア式」。18世紀まで宮廷料理で使われていた、元々の「フランス式」のサービスとは、大テーブルの上に料理をずらりと並べ、見た目のインパクトを重視したものでした。中央にメインとなる大皿を置き、左右対称になるように端に行くほど小さな皿をいくつも並べ、1回につき数種類の料理を、3～4回に分けてサービスしました。招待客は立食ならば、現在で言うビュッフェ[1]のように自由に好きな料理を選び、着座ならば地位によって異なる席順の、目の前に置かれた身分相応の料理を食べるというスタイルでした。

18世紀になってようやく食事専用の部屋「サラ・マンジェ[2]」ができると、室内装飾、テーブルコーディネート、食事のエチケットなどが確立され、さらに

---

(1) **ビュッフェ【buffet】** 立食用にサービスされる料理や、立食パーティーのこと。食器棚という意味もあります。
(2) **サラ・マンジェ【salle à manger】** ダイニングルーム。その昔は食事を取る部屋が決まっておらず、折り畳みのテーブルを使っていろんな部屋で食べていました。

フランスの普通の食卓で各自の席に並べるのは、ディナープレート1枚にナイフとフォークのセット。

フランス料理は洗練されていきます。そして、フランス革命以降、台頭してきたブルジョワ階級の個人邸宅にも「サラ・マンジェ」が広まると、食事のサービスはより簡略化され、「ロシア式」が導入されるのです。着座した招待客の前にひと皿ずつ順番にサービスするやり方は、温かい料理を温かい状態で食べられ、そして招待客みんなが同じ料理を一緒に楽しめるというもの。鋳鉄製の石炭コンロの発明など、調理器具の改良とともに、調理からサービスまで使用人によって行われたブルジョワ階級の食卓は、この時期に華やかさを極めます。王侯貴族から受け継がれた豪奢なフランス料理は、新しい階級であるブルジョワたちの勢力を見せつける手段としても使われるようになったのです。

19世紀、中流階級層の増加とともにレストランや料理本などが普及し、ブルジョワ的な食卓はさらに簡素化されて、一般市民の間にも広がりました。そして今日のフランスの家庭での食事も、「ロシア式」

に食べるのが基本です。「前菜」、「メイン」、「サラダ」、「フロマージュ」、「デザート」の順でひと皿ずつ食べます。しかしながら、前述したようにこの皿数もさらに減り、普通の日の食事は1~2皿の家庭が多いよう。一般的なレストランでさえも、今や「前菜&メイン」または「メイン&デザート」の2皿の組み合わせで選べるところがほとんどです。

我が家の夜ごはんは、「メイン」、「サラダ」、「フロマージュ」にパンをつけるのが基本的な構成。「メイン」は肉料理&野菜の付け合わせ、「サラダ」はレタスなどの葉ものなので、日本で言う「一汁三菜」の汁物がありませんが、フロマージュも加えれば、三菜はちゃんとクリアしています。また、メイン以外は火を通していないので、食事の最初にすべての大皿をテーブルに並べてしまうのが、我が家流。2人だけの食卓で、いくらキッチンにあるダイニングテーブルで食べているとはいえ、食事中にその都度立ち上がって次の料理を出すのは面倒というもの。また

我が家ではメイン、サラダ、フロマージュをすべてテーブルの上に並べてしまい、食事中の労働を極力少なくします。

サラダとフロマージュはテーブルに出しておいても、冷める心配はありません。

とはいえ、食卓に大皿をすべて並べたとしても、あくまでも食べるのは「順番に」です。日本で生まれ育った私は、まさに「三角食べ」の世代。ご飯の入ったお茶碗を片手に、おかずを順繰りに食べていくのが良しとされていました。でもこの食べ方は、ご飯があってからこその日本独特のスタイルなのです。フランス人のファンファンが日本に行くと、和食でもおかずをひと皿ずつ平らげていくため、ご飯だけが手も付けずに残る羽目になります。最後に白いご飯だけを食べても美味しくないだろうと思うけれども、本人は気にならない様子。ちなみにファンファンはフランスでもメインは、肉を最初に食べ、付け合わせを後で食べる人。フランス人でもここまで完全なる順番派はいませんが、私としては肉だけを食べていて、よく飽きないものだとあきれてしまいます。

味わいの面となると個人の好みの問題でしょうが、順番で食べることの最大の利点と言ったら、各人が使うディナープレートがひと皿で済むというもの。温かいうちにメイン料理を食べたら、自分の皿に残ったソースはパンでふき取ります。そのきれいになった皿にサラダを取り、フロマージュと一緒に、もしくは別々に食べるだけ。使用する食器の数も、食事中の労働力も少なくて済む、合理的な方法というわけです。コース仕立てなんて言うと、何とも大変そうに聞こえますが、要はひと料理ずつ順番に食べるだけの話なのです。

個人宅で使用人を雇うことは稀になり、食事を作るべき女性も外に働きに出る現代において、一般的な家庭での普段の食事がより簡単になるのも仕方がないことでしょう。かつてのブルジョワの誇示的で贅沢な食事の仕方は、合理的でシンプルな形に変化して、現在のフランスの普通の食卓に取り入れられているのです。

Le pain est essentiel pour les français.

なくてはならないパン

フランス料理に欠かせないモノと言えば、パン。レストランに入れば、飲み水は頼まないと出てこなくとも、パンは頼まなくても必ずやサービスされます。ファンファンは「パンがないと食事ができない」と言うほどの、パンなしでは生きてはいけないフランス人。近隣諸国を見回してみても、じゃがいもが必ずついてくる国が多く、食事と共にパンが出される国って実は少ないんですね。したがってヨーロッパの他の国に行くと、同じような西洋料理なのにパンが出てこないため、私でさえも物足りなく感じます。

とはいえ、パンはフランス人の主食なのかというと、実は微妙なよう。それこそ大昔から、ブイヨンでパンをふやかした「スープ」もしくは粥（ブイイ）[1]がほぼ唯一の食事だった時代では、穀物はまさに民衆の主な食べ物でした。1日につき1人当たり500g〜1.5kg（年齢、性別、職業で異なる）のパンを消費し、1日の摂取カロリーの80〜90％を穀物が占めていたのです。1900年でも1日の消費量は1人当たり

(1) **ブイイ【bouillie】**水やミルクで穀粉を煮た粥。もっとも古くからある料理のひとつで、穀物をパンにして食べるよりも安上がりな食べ方でも。

昔ながらの手法で作られたバゲットは「トラディスィヨン」と呼ばれ、通常のよりも値段が高めながら、もっちりした深い味わい。

平均900gあったパンですが、1950年に半分以下に激減。2015年にはさらにその3分の1に減り、現在フランス人が1日に消費する平均的なパンの量は120gと言います（フランス製粉業全国協会ANMF 2015年統計）。

我が家の場合を考えてみると、100％フランスの家庭料理のため、自宅での食事は必ずパンと一緒に食べます。1本250gのバゲット[2]を、昼と夜を合わせて3分の2、朝のタルティーヌ[3]用に3分の2の、2人で計1本半を3食で消費する感じ。私はパスタやライスを食べる時はパンを食べないし、フロマージュを食べない時もあるため、1回の食事で食べるのはひと切れくらい。ファンファンは何を食べるにしても、パンを必ず片手にしているので、私よりも消費量は多いです。したがってほぼ毎日、パン屋さんでバゲット1〜2本を買う、典型的なフランスの家庭というわけ。

そして突然、知人が食事に来たりすると、まずは心配しなくてはいけないのがパンのこと。食事の人数

---

(2) **バゲット【baguette】** フランスを代表するパンで、細長い形が特徴。家庭でもレストランでも日常的にもっともよく食べられているパンです。

(3) **タルティーヌ【tartine】** 薄切りにしたパンまたは厚さを半分に切ったバゲットのこと。この上にバターやジャムを塗って食べるのが、フランスらしい朝ごはん。

（右）元農家をファンファンが改装した我が家ですが、唯一原形を残しているのがキッチンにある暖炉です。（左）17世紀まで遡るだろうという、暖炉にはパン焼き窯の跡が。田舎にパン屋さんがなかったその昔は、パンは集落の共同窯や領主所有の窯で焼かれていました。保存できる皮の厚い大きなパンを、2週間または1週間に1回の頻度で焼いていたよう。

が増えた時にもすぐに対応できるように、冷凍庫でバゲットを保存しておくことにしています。冷凍しておいたバゲットは、オーブンで焼いて解凍すれば、中はふんわり、外側はカリッと焼きたての食感が戻るのです。冷凍庫にもパンがないなんていう緊急事態には、大急ぎで車を飛ばして街のパン屋さんまでパンを買いに行くこともしばしば。それくらい、パンがないフランスの食卓なんて考えられないのです。

それでも一般的には食事の内容が多様化し、中華や日本料理などパンを食べない他国の料理を楽しむフランス人が増えています。また、1日でパンを一番消費するであろう朝食を取らない人や、シリアルなどを食べる人も多くなっているのです。さらに、パンの値上がりが原因だとも。フランス人のパン離れは、日本人の米離れにも通じるところがあるでしょう。

しかし、果たしてパンがフランスの食卓から消えてなくなる日が来るのかと言えば、やはりそれはないでしょう。歴史を振り返っても、食器がなかった時代には、肉を上にのせて皿の役目を果たした固いパン。「スープ」となって大衆のお腹を満たしたことはもちろんのことながら、細かくされてポタージュのとろみやソースのつなぎにもなりました。現在の食卓においても、パンは大活躍です。皿に残った最後の一口をフォークで拾うための手助けをしたり、ソースを拭って皿をきれいにしたり。はたまたフロマージュを切る前にナイフを掃除したりと、食事用の道具としてもその手腕を存分に発揮してくれます。

そんな食卓の名脇役という役柄のせいなのか、食事中のパンは決して皿の上には置かれません。ナイフやフォークのように皿の外に置かれ、常に出番待ちの状態なのです。手元に置かれたひと切れのパンは、手でちぎっては食べられ、手でちぎっては使われ、休む暇なし。したがって、主食ではなくなったとしても、食事のお供として傍に置いておきたいよき相棒というわけ。美味しくて、使い勝手のいいパンは、食べ物として以上にフランス人に愛されているのです。

パンで掃除しながら、同じディナープレートを使っていろんな料理を食べるのが、家庭での合理的な食事の仕方です。

On commence le repas par l'entrée.

食事の始まりはアントレ

家庭でもコース仕立てで食べるフランス料理ですが、そもそもなぜ順番に食べることになったのでしょう。その起源は遡ること中世の時代。四元素説、四体液説が主流だった西洋医学は、それに基づく食餌療法が取られていました。人間の基本体液には血液、粘液、黄胆汁、黒胆汁があり、それぞれの体液のバランスを保つために適切な食材を摂ることが奨励されたのです。すべての食材は熱・冷・乾・湿のうち2つの特徴をもち、不足部分を補う調理方法や食材の組み合わせが重視されました。口から胃に入った後の消化作用も「調理」の一過程と考えられており、食べる順番は食材の消化のよしあしによって決まったのです。

例えば、腐敗が早いフルーツは消化がいいために最初に食べ、保存の効くフルーツや熟成したフロマージュは、消化が悪いと見なされて後に食べます。野菜や肉類も同様に食べる順番があり、腹持ちがいいものを後で食べることで、先に食べたものを上から

フランスでは緑色のものよりも一般的なホワイトアスパラガス。真っ白なほど高価で、先が紫色に色づいたものも見かけます。

豚もも肉丸ごと1本は専門店で種類別のハムに加工してくれます。薄切りにしてもらい、我が家では小分けにして冷凍。

---

(1) **コンポート【compote】** フルーツのシロップ煮。ジャムよりも糖分が低く、フルーツの形を残したものが多いです。フランスではデザート用に、ピュレ状になったコンポートもパックに入って売られています。
(2) **アントレ【entrée】** 前菜。時代によって順番が変わりつつも、現代では食事の最初の皿を「アントレ」と呼ぶことが多いです。
(3) **ルルヴェ【relevé】** 元々は食べ終わった「ポタージュ」の皿を下げる代わりに出された料理のこと。
(4) **オードブル【hors-d'œuvre】** 17世紀末ごろに現れた言葉で、その当時は「ロ」の前に出される温かい料理を指したのだとか。現在、レストランのメニューでは冷菜を指します。
(5) **ロ【rôt】** その昔のメイン料理を指した言葉。ローストされた肉料理が主でした。
(6) **アントルメ【entremets】**「料理の間」という意味から、食事の合間に催される余興を指したことも。その後、「ロ」の次に出される塩系、甘系の料理が混在した第3番目のサービスに。現在はデザートを指します。

押さえ、口に戻らないようにする意味合いもありました。最後に食べる消化のいいドライフルーツやコンポート[1]などのデザートは、終わりに胃を閉じる役目を担ったのです。

そんな昔から順番に沿って食べられていた料理は、時代とともにさらに細かくカテゴリーに分かれます。17～18世紀のフランス式では、最初のサービス（2回に分けることも）に「ポタージュ」、「アントレ[2]」、「ルルヴェ[3]」、「オードブル[4]」、までを、次のサービスに「ロ[5]」、「アントルメ[6]」を、最後のサービスに「フリュイ[7]」と、分けてテーブルに並べられました。その後、ロシア式サービスになり、それぞれの料理がひと皿ずつテーブルに出されるようになったのは、前述の通りです。

フルコースを出す高級レストランや正式な晩餐会は別として、時代とともに皿数はさらに簡略化されていきます。現在では「ポタージュ」、「アントレ」、「オードブル」の、いわゆるフランス式で最初にサービスされた料理が、前菜「アントレ」としてひとまとまりになっています。したがって前菜はさまざまなものが可能だということ。「ゆで卵にマヨネーズ」でもいいし、「ポタージュ」でもいいし、「シャルキュトリー[8]」でもいい。温菜でも冷菜でもいいのですが、家庭で出す前菜は基本的に冷たいものが多いです。

我が家ではメインをしっかり食べるし、その後にサラダを必ず出すため、毎日の食卓に前菜を作るとは限りません。ただし、季節によって手に入る食材で作る定番の前菜があります。

春は断然ホワイトアスパラガス。マルシェ[9]でひと際目を引く、輝くばかりの真っ白なアスパラガスが並び始めたら、フランスに春が訪れた合図です。太さによって品質や値段が異なるのですが、やはり細い方が筋がなく高級。1本ずつピーラーで皮をむかなくてはいけないし、細長い形はポキッと簡単に折れてしまうので、扱いには注意が必要です。しかし手間暇かけて下ごしらえをし、ゆで上げたホワイトアスパラガスは柔らかくて甘くて、まさに春らしい繊

---

(7) **フリュイ【fruit】** フルーツ。その昔、貴族の食べ物とされたフルーツは、デザートと呼ばれずにそのまま「フリュイ」としてサービスされました。
(8) **シャルキュトリー【charcuterie】** 豚肉加工品。
(9) **マルシェ【marché】** 市場。

フランスで一般的なメロンは薄緑の皮にオレンジの果肉。半分に切ったメロンをスプーンですくって食べます。

手前から時計回りで「パテ」、「リエット」、「フロマージュ・ドゥ・テット」。薄切りのパンにのせれば、食前酒のお供に。

細な味わい。冷たくするならばバルサミコ酢のドレッシングとともに、温かいままならば生クリームにシブレット(10)を加えたソースとともにいただきます。

夏はともかくメロン。日本では高級なイメージのあるメロンですが、フランスでは1個約1ユーロで買うことができる庶民的なフルーツです。夏はどこのお宅にお邪魔してもメロンが出てくるほどの大人気。実は前菜にメロンを食べ始めたのは中世からで、体に悪いとされたメロンの冷・湿の特徴を補うために、熱・乾の生ハムを組み合わせたという、古くからの名コンビなのです。この組み合わせはイタリアでの方がよく見られますが、フランスでは種をくり抜いた穴にポルト酒(11)を注いで食べます。こちらも17世紀に、ワインを飲みながらメロンを食べると消化がいいと考えられていたからなのかもしれません。切るだけのメロンは、主婦にとっても大助かりな前菜です。

秋はカボチャのスープです。カボチャしか入らないこのスープの美味しさの秘密と言ったら、美味しい生クリームを使うこと。我が家では農家で作られる殺菌されていない本物の「生」のクリーム(クレーム・クリュ(12))を使っています。したがって保存期間は短いのですが、程よく酸味のある濃厚なクリームは素晴らしき風味をプラスしてくれるのです。このクリームは、ホワイトアスパラガスのソースなど、さまざまな料理に大活躍。乳製品の豊富なノルマンディーは、昔から何にでも生クリームを使う地方。生クリームで味付けさえすれば、ノルマンたちは大喜びです。

(10) **シブレット【ciboulette】** チャイブ。
(11) **ポルト【porto】** ポルトガルの酒精強化ワイン、ポートワイン。甘みがあり、フランスでは食前酒として人気。
(12) **クレーム・クリュ【crème crue】** 殺菌されていない生クリーム。

冬はシャルキュトリー。他国でも捨てるところがないといわれる豚肉ですが、フランスにもバラエティー豊かな豚肉加工品があります。昔から庶民が手に入る唯一の肉類であり、飼料が高くなる冬前に農家で豚1頭をと殺し、塩漬けや燻製などで保存したものを、お祭りなどの特別な日に食べるのが伝統でした。今でも「ジャンボン・クリュ[13]」、「ジャンボン・フュメ[13]」、「ジャンボン・ブラン[13]」はフランス人に人気で、肉料理まで作らなくとも例えば前菜にハム、メインにオムレツだけで立派な食事になってしまうというもの。

現在では季節は問わず、農家から豚肉を半頭買いする我が家では、生肉以外にもれなく、美味しいシャルキュトリーがついてきます。「リエット[14]」、「パテ[15]」、「フロマージュ・ドゥ・テット[16]」は、ピクルスを合いの手にパンにのせて食べるもの。保存するために豚の脂や塩味を効かせた濃厚な味わいは、パンの消費量を増大させるアイテムでも。今や自宅で手作りする人は少なくなっているシャルキュトリーながら、パン文化ならではの加工品ともいえるでしょう。

その他、「トマトサラダ」、「キャロット・ラペ[17]」や「ライスサラダ」、「タブレ[18]」など、家によってさまざまな定番の前菜があります。でも家庭で出されるのは、どれもこれも簡単なものばかり。メロンやシャルキュトリーなんて、調理すらしていませんからね。そんなシンプルな前菜でも、ひと皿加わるだけでやはり食卓を華やかにしてくれます。

中世から始まった食餌療法としての食べる順番ながら、健康志向の現在においても、冷菜を食事の初めに食べることは、消化を促すと言われています。フランスでは一般的な習慣である「アントレ」から始まる食事には、古人の知恵が生きているのです。

---

(13) **ジャンボン【jambon】** 豚もも肉で作られるハムのこと。加工方法によって、ジャンボン・クリュ [jambon cru]（生ハム）、ジャンボン・フュメ [jambon fumé]（燻製ハム）、ジャンボン・ブラン [jambon blanc]（ゆでたハム）など種類があります。
(14) **リエット【rillettes】** 豚肉を脂で煮てほぐしたペースト。ガチョウやニワトリ、ウサギの肉でも作られます。
(15) **パテ【pâté】** 細かくした肉に混ぜ物をして型に入れ、オーブンで焼いた料理。材料によっていろんなバリエーションがあります。

「キャロット・ラペ」は専用のスライサーを使うのがポイント。手を傷つけないように保護用カバーまであります。「ラペ（削った）」という名の通り、包丁で千切りにするよりもドレッシングが絡みやすく、味わいも異なります。

---

(16) **フロマージュ・ドゥ・テット**【fromage de tête】豚の頭肉をゆでて型に入れ、そのゼラチンで固めたもの。なぜフロマージュと言うかというと、元々フロマージュとは「型に入れたもの」という意味があったからです。
(17) **キャロット・ラペ**【carottes rapées】千切りしたニンジンのサラダ。
(18) **タブレ**【taboulé】レバノン料理で、挽き割り小麦のスムールのサラダはフランスでも大人気。

Les français apprécient la viande.

肉食のフランス人

フランスは肉食の国です。パリの一般的なレストランでメイン「プラ」[1]に肉料理を頼むと、大きな肉の塊が出てきてびっくりする人も多いでしょう。フランス人が好む料理のトップ5を見てみると、1位マグレ・ドゥ・カナール[2]、2位コート・ドゥ・ブフ[3]、3位ラクレット[4]、4位ブフ・ブルギニョン[5]、5位ブランケット・ドゥ・ヴォー[6]（リサーチ会社オピニオンウェイ2016年エクスペディア・フランス用統計）。3位以外はすべて肉料理という見事な結果です。

　歴代のフランス国王や貴族たちの嗜みが狩猟だった時代、食事のメインとなるものは狩猟で捕らえた野鳥が主でした。食べ物にさえも階級があったため、神のいる天に近い場所である、空を飛ぶ鳥類のジビエ[7]や家禽類が高貴な食材とされたのです。現在でも鴨肉が一番人気なのは、その名残なのでしょうか？

　秋口になるとマルシェには、毛や羽根つきのジビエが並ぶのも、フランスらしい光景。我が家の牧草地でも野生のウサギやキジ、時には子鹿にまで出く

---

(1) **プラ【plat】** メインディッシュ。大皿や料理といった意味もあります。
(2) **マグレ・ドゥ・カナール【magret de canard】** フォアグラ用に飼育された鴨の胸肉の料理。
(3) **コート・ドゥ・ブフ【côte de bœuf】** 牛の骨つきの背肉。バーベキューの食材として大人気。
(4) **ラクレット【raclette】** スイスをメインに作られるチーズの名前でもあり、半円形に切ったラクレットチーズの断面を熱して、溶けたチーズをゆでたじゃがいもなどにかけて食べる料理。

（上）農業大国フランスらしい催しと言えば、毎年春にパリで開かれる農業見本市。政治家がアピールの場として使ったり、一般市民も大勢詰めかけるため、フランス人の農業に対する関心の高さが窺えます。パリの子供たちには農場体験にもなります。（右下）現在も、生きていた姿のままでジビエが売られているパリのマルシェ。子供の頃からこのような動物の姿を見て育つため、肉食に成長するのでしょうか？（左下）野生のものでなくとも、ウサギ肉を食べるのは一般的。

(5) **ブフ・ブルギニョン**【bœuf bourguinon】牛のすね肉などを赤ワインで煮込んだ料理。
(6) **ブランケット・ドゥ・ヴォー**【blanquette de veau】子牛の肩肉などを煮て、白いルーのソースをかけた料理。
(7) **ジビエ**【gibier】狩猟で捕らえた野生の鳥獣肉。

わすことがあり、この時期は狩猟をする銃声が響き渡ります。

　中世以降、食事のメインとなるサービスは「ロ」と呼ばれ、火であぶってローストした肉料理が主でした。16世紀まで地中に根を伸ばす根菜や、地上に生える野菜類は粗野な食べ物とされたため、「ロ」以外にアントレ、ポタージュ、アントルメにも、肉類がふんだんに使われていました。当時のポタージュは、現在のスープのような液体ではなく、肉の煮込み料理を指したのです。そんな肉だらけだった王宮料理とは異なり、農民たちの食事は肉が出ることは稀。お祭りの際にようやく塩漬けにした豚肉がお目見えするくらいだったようです。

　またキリスト教会の教えで聖金曜日や復活祭前の四旬節には、肉を食べてはいけないとされていました。普通の家庭でも金曜日は魚料理を食べる日であり、日曜日は家族でミサに行った後、お昼ごはんに鶏肉丸ごとのローストをみんなで分けて食べるのが、ひと昔前までのフランスの習慣でした。肉類は禁欲の対象となったことからも、節制明けの肉料理はご馳走であり、喜びであるというイメージが、宗教離れが進むフランスといえども、今でも残っているのかもしれません。

　フランス国立統計経済研究所(Insee)の2011年の統計によると、パリを中心とするイル・ド・フランス地域[8]の家庭で、食料品支出の割合が多いのは、①肉類、②穀物類、③乳製品、卵の順になっています。これらの出費は家庭の経済力によって差があり

(8) **イル・ド・フランス【Ile-de-france】** パリ市のある、フランスの中心となる地域。

ますが、肉類がトップなのはどの家庭でも同じ。とはいえ、肉類が支出のトップをキープしているとはいえ、その消費量は年々減少しています。2007年に1日1人平均58gの肉類（家禽を除く）を食べていたのが、2013年には52.5gに減っています（フランス生活環境調査観察研究所CRÉDOC発表値）。食費を抑えるためや健康志向、狂牛病などの食材に対する不信感、料理ジャンルの多様化や調理済み食品の流通拡大など、さまざまな要因があることでしょう。

そんな世の中の流れに逆らうかのように、我が家の食卓はフランスらしい肉食です。なぜならば、我が家にはニワトリ、羊、牛の家畜がいるからなのです。日本の1.5倍ある国土の約53%が農用地という、農業大国のフランス。パリからちょっと外側に出た途端、景色は広々とした穀物地帯になります。酪農が盛んなノルマンディーまで来ると牧草地の面積が増え、のんびりと草を食む牛や羊があちこちで見られるように。我が家の周りにも数軒、酪農家がいるため、家畜がいる風景はまったく珍しくありません。

ファンファンが家畜を飼い始めたのは、ファンファンのパパが2年前に亡くなり、隣接する牧草地を受け継いだため。以前は酪農家に貸していたのですが、人に貸すよりも自分で活用した方がいいと、肉牛を飼い始めたのです。ファンファン自身は元々果樹園を持っているため、羊を飼い始めたのは果樹の根元の雑草を食べてもらうため。放っておくとどんどん伸びてしまう牧草を動物たちが食べてくれる上に、私たちは美味しいお肉をいただけるなんて素晴らしいではありませんか。もちろん冬季用の飼料として干し草を準備するなどの作業はありますが、基本的な飼育は牧草地に家畜を放し飼いにしておくだけ。農用地が多くあるフランスだからこそ、肉食文化が発達したわけでもあるのです。

ニワトリには飼料として穀物をあげなくてはいけませんが、卵ももたらしてくれる頼もしい存在。また家から出る野菜の生ごみ&パン屑を平らげてくれるため、家庭ごみの減量にも役立ちます。したがって、我が家では鶏肉、子羊肉、牛肉、子牛肉を自給自足している状態。豚肉は知り合いの農家から半頭買いをしているので、豚肉加工品もひと通りついてきます。これらの自家製肉類が、時期をずらしながら、我が家の3つの冷凍庫にパンパンに入っているのです。だから、私が考えるのは冷凍庫にある肉をローテーションしながら、野菜と一緒に調理する肉メインの献立というわけ。

ノルマンディーの家にいる時は、私もファンファンも家で仕事をしているため、基本的に朝、昼、夜の3食を家で食べます。朝は調理が必要ないとしても、昼も夜も料理を作るのは大変。したがって夕方に夜ごはんを作り、その残りまたはアレンジした料理を昼ごはんに食べるスタイルを取っています。また、週の半分はパリにいる私たち。パリ近郊にある寝泊まりしている家のキッチンが小さいため、ノルマンディーで作った料理を持って行き、温めて食べるだけにしています。さらにノルマンディーでは突然知人が食事に来ることも多いので、一度に作る量は4人分以上。鶏肉なら1羽丸ごと、他の肉類も塊で調理することが断然多いのです。

いくら肉食の国と言えども、一般家庭でここまで肉を消費する家はないでしょう。言うなれば、毎日がひと昔前の日曜日の食卓といった感じ。しかし、そんなに肉ばかり食べて、太らないかと思う人もいることでしょう。心配はご無用。たとえ肉を塊で調理したとしても一度に食べられる量は限られているため、私の体重はフランス滞在14年にして、日本出発時と変わっていません。結局のところ、肉も野菜も、いろんな食材をバランスよく、美味しく食べることが何よりも大切だと思うのです。魚食の日本人である私にとって、時々、魚料理が恋しくなることは、やむを得ないことですが。

我が家で飼育している肉牛は、オーベルニュ地方の「サレール」という種類。この地域で作られる同名のチーズも有名です。

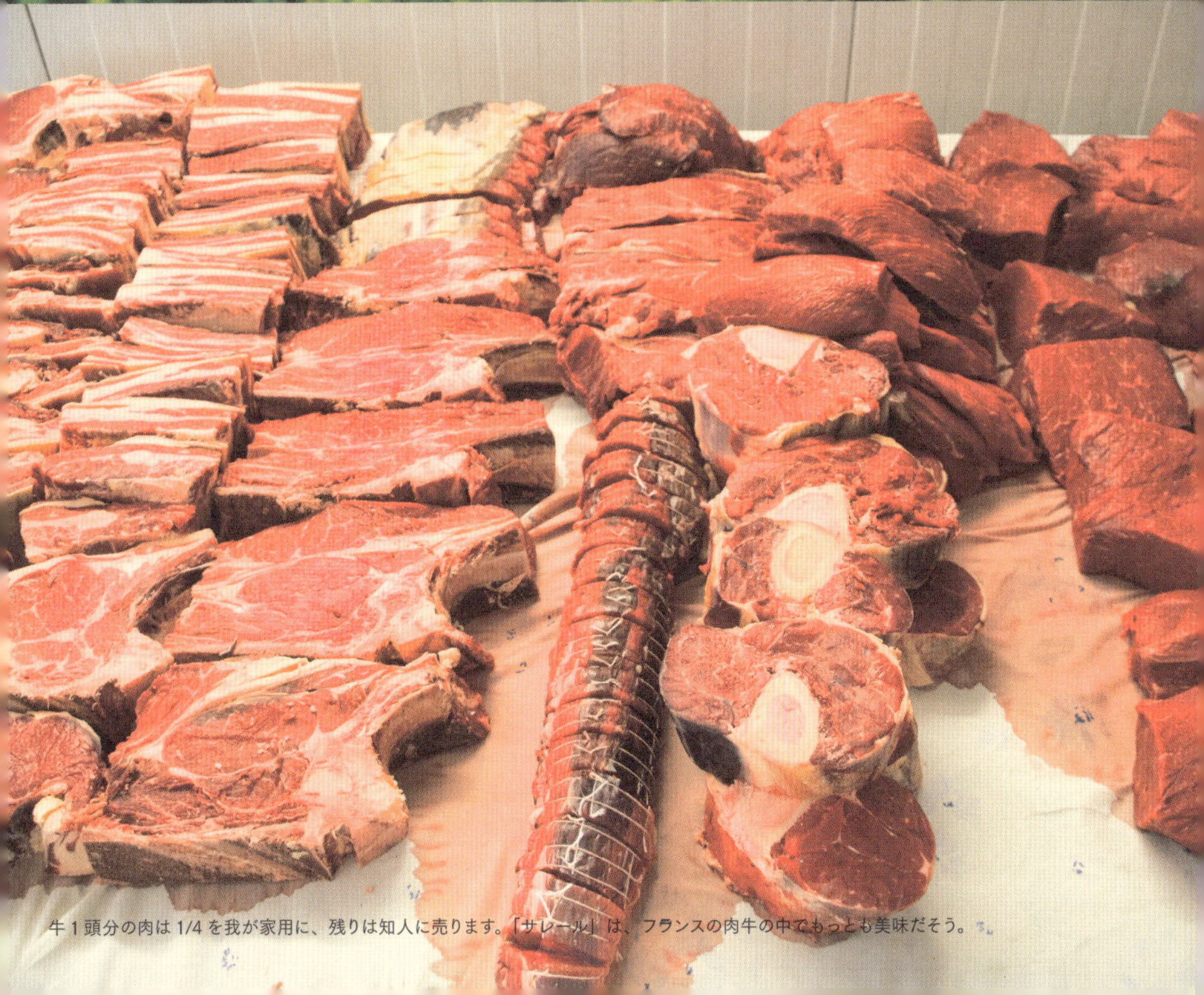

牛 1 頭分の肉は 1/4 を我が家用に、残りは知人に売ります。「サレール」は、フランスの肉牛の中でもっとも美味だそう。

ノルマンディーにある、世界遺産のモン・サン・ミッシェル周辺でも羊が見られます。この小島を囲む湾は干満の差が激しく、大潮となると牧草地は海水をかぶることに。その牧草を食べて育った子羊の肉は「プレ・サレ」と呼ばれ、潮の香りが漂うような風味豊かな味わいです。

La sauce fait manger le poisson.

ソースが魚を食べさせる

肉食のフランスでは、やはり魚料理の存在がどうも薄くなりがちです。魚食の国から来た私たち日本人にとっては、パリのレストランで魚料理を頼むと、クリームソースやバターソースとともに出てくることが多く、げんなりしてしまうことがあります。「ソースが魚を食べさせる」ということわざがあるフランス。嫌な味でもソースで隠せば食べられるという意味の代表例が魚と言うことからも、フランス人にとっての魚のイメージが分かる気がします。

その昔、王侯貴族の食卓にはもちろん種類豊富な魚介類が並びましたが、海沿い以外の内陸に住む庶民には手に入れる術がなかったのも原因でしょう。輸送方法も保存方法も発達していなかった時代、パリで鮮魚は高級品でした。手に入ったとしても、干しダラやニシンの燻製などの保存食が主。パリジャンたちが大好きな牡蠣が、以前は「Rがつく月以外は食べてはいけない」と、5月~8月に販売が禁止されていたのも、そんな衛生面からだったのです。ち

生牡蠣を食べる時は、パンにバターを塗ってお供にするのがフランス流。もちろん、辛口の白ワインは欠かせません！

なみに18世紀まではパリのセーヌ川はきれいで、たくさんの川魚が釣れたようですが。

現在のパリでは、世界各国の食材が手に入ることはもちろん、スシ(1)のチェーン店が軒を並べ、「魚を生で食べるなんて」と眉をしかめるパリジャンはいなくなりました。それでも自宅で魚料理を作ることは頻繁ではないよう。「キッチンが生臭くなるのが嫌」と言う人が多いのですが、そもそも「魚をどうやって料理したらいいか分からない」と言うパリジェンヌも。

前述のフランス国立統計経済研究所の2011年の統計を再度見てみると、イル・ド・フランス地域での食料品支出の中で魚介類は、裕福な家庭で6番目、質素な家庭では8番目の項目になっています。以前、ヴェルサイユ(2)に住んでいた時、家の近くにあった小規模なスーパーでは鮮魚売り場がありませんでした。扱っていたものと言えば、スモークサーモンなどの加工品か魚の切り身の冷凍品のみ。ヴェルサイユには大きなマルシェがあり、新鮮な魚が手に入ると定評があったのですが、高級住宅地だったこともあり、値段は高めでした。フランスの内陸部では、いまだに新鮮な魚介類は高価な食材というわけです。

ノルマンディーの我が家は海から約3キロという、まさに海辺にあります。しかしながら、冷凍庫を埋め尽くす自家製肉類に比べて、魚介類は買いに行かなくてはいけないこともあって、あまり登場しません。大規模なスーパーマーケットになると、肉屋さんもそうですが、魚屋さんもマルシェのように魚介類を氷の上に並べて対面販売してくれます。したがってスーパーでも新鮮な魚介が手に入る場合もあるのですが、海辺に住んでいる身としては、漁師さんがその朝に獲ってきたより活きのいい魚を、スーパーよりもさらに安く手に入れたいという欲が出てくるのです。何といっても我が家には倹約家のフランス人がいるのですから！　しかし、漁港のマルシェは日にちも時間も限られてしまうため、なかなか行くことができないのが現実。海沿いに住んでいる利点

(1) **スシ【sushi】** フランス語でも寿司はスシ。
(2) **ヴェルサイユ【Versailles】** イル・ド・フランス地域にある、フランス王が住んだヴェルサイユ宮殿のある街。

（右上）ノルマンディーの漁港に立つ魚介類のマルシェ。漁師の家族経営で、男衆が獲ってきた魚介を女衆が売るシステム。赤い魚はフランスで一般的なヒメジ。（左上）マルシェの残り物を狙うカモメが、閉店を待っています。（右下）牡蠣の売店も。マルシェでは、店の人との会話も楽しみのひとつ。（左下）ヨーロッパ・バイ貝はそのまま茹でて、殻から身を引き出して食べます。フランスでは茹でた貝類は冷たくして食べるのですが、私は温かい方が美味しいと思います。

(右)「ブーケ」と呼ばれる小さなエビもさっと茹でただけ。殻の中には極小の身しか入っていないのですが、繊細な味わいに必死になって食べてしまいます。茹でた甲殻類には手作りのマヨネーズが必須。(左)ムールもフリットも大量なのが、「ムール・フリット」。ワイン蒸しにした後は、生クリームやカレー粉などで好みの味付けにしてもOKです。

をまったく活用していません。

ノルマンディーの海岸では牡蠣の養殖も盛んです。養殖所が直接販売してくれる場所があるため、来客の際にはファンファンが車を飛ばしてくれることもあります。フランスで牡蠣と言えば、「生牡蠣」で前菜に食べるのが一般的。殻付きで買ってきた牡蠣の殻を開け、レモン汁またはエシャロット[3]入りのビネガーをかけて、生のままでずるっといただきます。あくまでも前菜ですし、生なので、私は6個くらいしか食べられませんが、ファンファンを筆頭にノルマン男たちは、12個以上は軽く平らげます。

また、知人のノルマン男たちはモーターボートを所有している人も多く、イギリス海峡で自分たちが釣った魚をお裾分けしてくれることがあります。釣れるのはほとんどがサバなのですが、一度に大量に釣れるため、20尾ほどもらえることも。正真正銘、その日に獲れたサバなので、その夜は生で食べることも可能。一度、料理に蘊蓄のあるノルマン男のフランクが、

(3) **エシャロット【échalote】** フランス料理では香味野菜としてよく使われる、玉ねぎに似た野菜。

生サバをハーブとニンニクでたたいた前菜を作ってくれて、その美味しさに感動したことがあります。いくら日頃はフランス料理を食べている私でも、生魚を食べるとふつふつと日本人魂が蘇ってくるのです。

メインはサバを丸ごとグリルした焼き魚。新鮮な魚は焼くだけで十分に美味しいと思うのは、日本人もフランス人も同じようです。そして、その日に食べない分は内臓を取り除いて、一尾丸ごと冷凍してしまいます。フランス人でも魚を冷凍すると美味しくないという人もいますが、私たちは全然平気。何よりも肉料理の合間に食べられる魚が冷凍庫にあることは、本当にうれしいものです。

前述のフランス人が好きな料理の6位に位置するのが、実は「ムール・フリット」(4)。トップ10に唯一入った魚介料理です。ワイン蒸しにしたムール貝を大量に食べるのがフランス式ですが、これまた山盛りのポム・フリット(5)がついてくるのがお決まり。実は我が家の近くの海岸で、天然ムール貝が獲れる場所があると聞いて、1度潮干狩りに行ったことがあります。ほとんど獲り尽くされている状態で、それでも2時間かけてバケツ2杯ほどの収穫。しかしそれからが大変で、泥に埋まっていたムール貝を洗うだけでさらに2時間！　買ってきたムール貝よりも、貝いっぱいに詰まった身は乳白色で肉厚。こんなに美味しいムール貝は初めてというくらいの濃厚な味わいに、市販されているものは比べ物にならないとしみじみ思った日でした。

要するに、本当に美味しいモノを手に入れるには、手間も時間もかかるということ。海辺に住んでいる私たちでさえ、新鮮な魚介を安く手に入れるのに苦労するくらいなのだから、パリジャンたちの食卓に魚介類が並ぶ頻度が低くなるのは致し方ありません。「魚は魚の味で食べる」と言われる日が、フランス全土にやって来るのは、まだまだ遠いのかもしれません。

(4) **ムール・フリット**【moules-frites】ムール貝のワイン蒸しにフライドポテトを添えた料理。
(5) **ポム・フリット**【pommes frites】フライドポテト。フランス語でジャガイモはポム・ドゥ・テール [pomme de terre] で、揚げたジャガイモと言うこと。

Essayez de cuisiner à la française.

フランス風クッキング

実はパリにある料理学校、ル・コルドン・ブルー[1]で伝統的フランス料理を学んだ私ですが、家庭でいわゆる本格的フレンチを作ったことがありません。料理の基本となるフォン[2]を作るのは手間がかかるし、それを使ったバターたっぷりのソースを一々作る気にはならないからです。それでも私が日頃使っていて、家庭で簡単にできるフランス料理の技法をちょっとお教えしましょう。基本的に料理の手順は常に同じなので、いろんな肉料理に応用ができます。

1 リソレ[3]

まずは肉を焼くことから始めます。フライパンもしくは鍋に油を熱し、肉を入れます。表面を焼くことで肉の旨味を内側に閉じ込めるため、強火でこんがりと焼くことが大切。塊肉もざく切り肉も、一面に焼き色がついたらひっくり返し、他の面にも焦げ目をつけます。鋳鉄製のココット[4]を使うと焼き色がつきやすく、そのまま煮ることができるので重宝です。

---

(1) **ル・コルドン・ブルー【Le Cordon Bleu】** 1895 年にパリに設立された料理学校で、東京と神戸にも分校があります。
(2) **フォン【fond】** フランス料理の基本となる、骨や野菜を煮て作った出汁。
(3) **リソレ【rissoler】** 材料の表面を強火で色づくまで焼くこと。
(4) **ココット【cocotte】** 煮込み用の蓋つき両手鍋。圧力鍋はココット・ミニュット [cocotte-minute] と呼びます。

1

フライパンまたは鍋に油を熱して、強火で肉の表面をこんがりと焼きます。鍋底に肉汁がつくように焦げ目をつけるのがポイント。塊肉でも、ひっくり返しながら、一面ずつ焼きます。

2

肉を取り出して空いた鍋に、みじん切りまたは薄切りにした玉ねぎを入れます。同時に塩をひとつまみ加え、鍋底の肉汁を木べらでこそげながら、玉ねぎがいい色になるまで炒めます。

3

あれば白ワインや赤ワインを、なければ水を注いで、さらに鍋底の肉汁をこそげるように、木べらで混ぜ合わせます。ここに再度、肉を戻して、後は蒸すもしくは煮るだけです。

2 スュエ(5)

焼き色がついた肉は一度取り出し、空いたフライパンまたは鍋に、みじん切りや薄切りにした玉ねぎを入れて炒めます。この時に、塩(我が家では粗塩)をひとつまみ入れるのがポイント。玉ねぎから水分が出るため、肉の焼き脂とも混ざりやすくなります。

3 デグラセ(6)

玉ねぎがいい色に変わったら水を適量加えて、さらに肉汁をこそげ取ります。水の代わりにお好みで白ワインや赤ワインを加えると、ぐっと風味が増します。ただし、アルコール分を飛ばすためにその後、煮詰めることが肝心。鍋底についた肉汁をこそげることで、美味しいソースができあがるというわけです。

蒸し焼きにするならば、肉汁に肉を戻し入れて火を通します。煮込み料理の場合は肉を戻し、必要とあればさらに水を加えて煮ます。お好みの野菜を加えて一緒に煮れば、肉の旨味が野菜にも染み込むとともに、味わい深い煮汁になります。市販の固形や顆粒のフォンをさらに加えてもいいのですが、私は使うことがありません。デグラセの肉汁をこそげる方法を使えば、十分に旨味が出るのですから。より本格的にするならば、肉は火が通ったら取り出して温めておきます。肉汁は水分を飛ばすように煮詰め、好みで生クリームやバター、塩、こしょうで味を整えれば、フレンチっぽいソースの出来上がりです。

他に我が家でもっともよくする調理は、ロースト。鶏肉1羽丸ごとの「プーレ・ロティ(7)」から、牛肉の「ロースビフ(8)」、子羊肉の「ジゴ(9)」や「エポール(10)」など、さまざまな塊肉でできます。大きな耐熱容器に必ず入れるものは、玉ねぎ、ニンニク、ローリエ。その上に塊肉をのせて塩、こしょうをふり、水を適量注いでオーブンに入れるだけ。途中でひっくり返しながらその都度、塩、こしょうをふって焼きます。魚のカレイやスズキがある時は、一尾丸ごと同じようにオー

(5) **スュエ【suer】**「汗をかく」という意味があり、野菜の水分を出しながら炒めること。
(6) **デグラセ【déglacer】**鍋底についた肉汁などの旨味を、加えた液体に混ぜ合わせること。
(7) **プーレ・ロティ【poulet rôti】**ローストチキン。
(8) **ロースビフ【rosbif】**ローストビーフ。
(9) **ジゴ【gigot】**子羊のもも肉のことで、大抵ローストした料理も指します。

（上）ローストは耐熱容器に香味野菜、肉を入れて我が家では粗塩とペッパーミルで挽いた黒こしょうをし、水を適量注いでオーブンに入れるだけ。フレンチではバターをのせますが、私はオリーブ油を垂らすくらい。途中でひっくり返しながら、肉に焼き汁をかけて焼きます。（下）野菜によっては下ゆでをしてから、時間差をつけて加えれば、付け合わせも同時に完成！

(10) **エポール【épaule】** 子羊の肩肉のことで、こちらもローストするのが一般的。

フランスの家庭料理の代表がポトフ。具とスープを別々に食べるのがフランス流。マスタードやピクルスとともに出します。

ブンで焼くことも。もしオーブンがなければ、前述の①〜③の後、鍋に蓋をして蒸し焼きにしてもＯＫ。私は豚肉のローストは火を通すのに時間がかかるため、時短にもなるココットで作っています。

さらに私は付け合わせの野菜まで肉と一緒に調理してしまいたい横着者。ローストする肉の下に野菜も入れて一緒に火を通せば、肉から落ちてきた肉汁を野菜も吸うため、他に何の味付けも必要ありません。肉＆野菜の種類を変え、味付けもスパイスやハーブを使えば、バラエティーは広がるばかりです。

オーブン料理の魅力は、表面を焼き固めて肉の旨味を内側に閉じ込めてくれるのはもちろん、オーブンに入れてしまえば、美味しく出来上がるのを待つのみと言う手軽さにもあります。オーブンがせっせと働いている間に付け合わせの野菜の下ごしらえから、サラダを洗ったり、フレッシュハーブを刻んだり、他の作業ができるというもの。

以上がフランスで一般的な肉料理ですが、自家製肉

(11) **テット・ドゥ・ヴォー【tête de veau】** 子牛の頭肉をブイヨンで３時間煮、ビネガー風味のソースで食べる料理。

の魅力と言ったら、一般的でない肉の部位まで楽しめること。豚足や牛タンは日本でも食べますが、子羊の睾丸や脳はなかなか見られませんよね。ファンファンのママンが一度、子牛の頭肉の料理「テット・ドゥ・ヴォー[11]」を作ってくれたのですが、ゼラチン質のねっとりした味わいで、これが結構いけるのです。

その昔は雄鶏のトサカまで食べたようですが、鶏肉は性別や年齢によって味わいが異なります。我が家の鶏肉は市販の「フェルミエ[12]」のものよりも、さらに肉質が締って弾力があるのですが、雄鶏はもも肉が大きく、雌鶏は胸肉が大きい。通常売られているのは肉質が柔らかい若鶏で、年を取るにつれて脂が厚く、身も固くなります。そんなスーパーでは見られない鶏肉を食べる方法が、雄鶏ならば「コック・オ・ヴァン[13]」、雌鶏ならば「プール・ア・ラ・クレーム[14]」。どちらも長時間煮て、身を柔らかくする料理です。同じく鶏肉で「ポトフ[15]」を作ることも多いのですが、牛肉で作った方が上品な味わいに。牛もも肉やわき腹肉とともに加えたいのが、尾肉と大腿骨。骨の中にある骨髄、「オサ・モワル[16]」をほじくり、どろりと濃厚な味わいまで楽しむのがフランス流。肉料理のレパートリーの広さには、さすが肉食の国と唸らざるを得ません。

捨ててしまうような部位をも調理に使うのは、貧しい庶民たちの生活から生まれた、無駄なく食べ切るための知恵でも。我が家には肉食である猫と大型犬がいるので、最後に残った鶏ガラは猫に、他の家畜の大きな骨は犬に与え、家族みんなで食べ尽くします。牧草を食べてくれる家畜、生ごみを食べてくれるニワトリ、そこから肉と卵をいただく人間、残り物を分け与えるペット。異なる食生活の生き物が居場所を分け合って暮らす利点が、ここにあると私は思うのです。それこそが同じ地球上に異なる生物が存在している意義というもの。さまざまな生き物のおかげで、私たちの豊かな食生活は成り立っているのです。

---

(12) **フェルミエ【fermier】**「農家の」という意味で、鶏肉に表記があれば日本で言う「地鶏」ということ。
(13) **コック・オ・ヴァン【coq au vin】** 雄鶏肉（coq）のワイン煮。
(14) **プール・ア・ラ・クレーム【poule à la crème】** 雌鶏肉（poule）をブイヨンで煮て、クリームソースで食べます。
(15) **ポトフ【pot-au-feu】**「火にかけた壺」という意味の、昔ながらのフランス家庭料理の代表。
(16) **オサ・モワル【os à moelle】** 骨髄。パリにはこれを名物にしているレストランもあります。

La salade est une entrée ou après un plat ?

サラダは前菜か メインの後か

フランス語で単に「サラド」[1]と言うと、基本的にレタスなどの葉もの野菜だけのサラダを指します。冷菜のため、食事の最初に食べるのではないかと思いきや、メインとフロマージュの間に食べるのがフランスでは一般的です。古代ローマ時代から食されたサラダですが、食事の順番としての位置は時代によって変動があったよう。初めは食後に位置したサラダながら、食欲増進作用があるとされると、食事の最初に持って行かれます。

農民たちの食べ物として、上流階級に敬遠されていた不遇の時代を過ぎ、17世紀に再び脚光を浴び始め、18世紀のルイ16世の下、多くの品種が生み出されます。そしてその頃にサラダは、イタリア料理の影響から、メインの「ロ」とともにサービスされるようになるのです。そもそも「サラド」の語源はラテン語の塩を加えるという意味の「サラール」で、塩で味をつけた生野菜を指したのが始まりだとか。当時、肉料理とともに出された「サラド」にはピクルス、

(1) **サラド【salade】** サラダ。レタスなどの葉もの野菜だけのサラダは、サラド・ヴェルト [salade verte] とも。

オリーブ、ケッパー、アンチョビなども含まれていました。

20世紀初めに デザートの括りからフロマージュが独立すると、サラダはメインとフロマージュの間にその居場所を定着させます。脂っこい肉料理の後に食べるお口直しの役割を担うようになったというわけです。ふむふむ、納得と言ったサラダの位置ですが、私としてはイマイチ腑に落ちない場合があります。例えば前菜にトマトサラダを食べるとして、次にメイン、その後にレタスを食べるとなると、いわゆるサラダを2回に分けて食べることになるんですね。分けて食べること自体には異議はないのですが、問題は「パンによるお皿の掃除にかかる手間」についてなのです。

自宅で各料理を順番に食べる最大のメリットは、パンで掃除しながら同じ皿を何度も使えることでした。トマトサラダのドレッシングをパンで拭き取った皿でメインを食べる。メインのソースを拭き取った同じ皿でレタスのサラダを食べる。うちではドレッシングと言えば、バルサミコ酢でしか作らないので、トマトのサラダも、レタスのサラダも同じドレッシングで食べます。それにも関わらず、最初のドレッシングをふき取った皿の上で、同じドレッシングを再びかけてレタスを食べるなんて、何てばかばかしいのでしょう。合理的であるはずのフランスの食卓が、何とも不合理ではありませんか。

知人を招待した時は皿を変えますが、日

（右上）フランスの家庭に必ずあるものがレタスの水を切る、サラダスピナー。（左上）我が家ではバルサミコ酢のドレッシングを手作りしますが、毎回作るのは面倒。日本の 100 円ショップで買った、蓋つきの容器に多めに作って置けば、そのまま保存もできて重宝です。（下）フランスの代表的なハーブが、上から時計回りにシブレット、ディル、タラゴン。どれも独特の風味があり、サラダだけでなく料理の仕上げにかけると、見た目も味わいもワンランクアップします。

常の食卓で皿を変えるのは、前菜にスープを出す時ぐらい。もちろん普段でも皿を変えてもいいわけですが、ファンファンはトマトサラダに使った皿を脇に置き、新しい皿でメインを食べ、再びトマトサラダに使った皿を戻してレタスを食べます。パンで拭き取らなくていいことを考えると、この方が納得の行く食べ方ではあるのですが、どうせそこまでするならばトマトもレタスも一緒に、一度で食べた方がいいと思いませんか？

したがって、我が家の普通の食卓では、前菜はなしでメインを食べた後に生野菜を一緒に食べる、という邪道極まりない食べ方をします。逆になぜサラダ系をまとめて前菜で食べないのかというと、後でフロマージュを食べるため、メインとの間にやはりサラダが欲しいのです。消化のよさよりも、口直しとしての機能を我が家では優先するというわけ。

本式の食べ方から一気に外れたついでに、もっと大幅に横道に逸れると、私はサラダ用の具を混ぜ合わせてテーブルに出すことはしません。レタス、トマト、キュウリ、ラディッシュなど、それぞれの野菜を別々の器に入れて出すのです。なぜならば、①何回かに分けて食べる用に野菜は一度に多めに切ってしまうため、②レタスはもちろんのこと、切った野菜を混ぜ合わせておくと水気のあるものと味が混ざり、歯ごたえもなくなるからです。私としては翌日、翌々日まで、昼にも夜にも美味しく食べられることが目標。

そして、レタスの葉も手でちぎることはせず、大きな葉のままでサラダボウルに入れるのが私流。レタスも同様に多めに洗っておくのですが、ちぎってしまうと切り口から茶色になり、傷むのが早くなります。また、ラディッシュも葉と根を切っただけで出しますが、これは食前酒とともに、このまま手づかみでカリカリとかじることもできるため。さらにナイフのあるフランスの食卓は、各自が皿の上でそれぞれを切ることができるからなのです。しかしながら皿の上でレタスを切ることは、声を大にして言いますが、フランスでは「マナー違反」です。

なぜかと言うと、テーブルマナーが出来た19世紀のブルジョワ家庭では、シルバー製のカトラリーを使っていたため、ドレッシングで和えたサラダをナイフで切ると、ビネガーの酸でナイフは黒ずみ、サラダ自体もグレー色に着色してしまう恐れがあったから。したがってサラダは食べやすい大きさに切って出されたのですが、そのサラダをナイフで切ってさらに細かくすることは、「料理人を侮辱する」という意味にまでなったのです。レタスの葉が大きければ、ナイフとフォークで折りたたんで食べるのがマナーになりました。

しかし、シルバー製のカトラリーを日常的に使う家庭がなくなった現代で、19世紀に由来するテーブルマナーは形骸化しています。実のところ私は、普段の食事でレタスを折りたたんで上品に食べるフランス人を見たことがありません。したがって我が家ではレタスを皿の上で各自じゃんじゃん切って食べています。何といってもここはお箸の国ではなく、ナイフの国なのですから。皿の横にあるナイフを活用しなくてどうする。

料理をする私としたら、レタスをちぎらず、ラディッシュを切らず、具を混ぜ合わせないことで時短にもなります。そして好みの野菜を好みに混ぜ合わせた方が美味しいというもの。こんな風にいろんな具を混ぜたサラダは「サラド・コンポゼ(2)」と呼ばれます。でもドレッシングは自家製で手抜きなく。仕上げにドレッシングをかけるところまで、各自でやってもらいます。言うなれば、我が家のサラダはセルフサービスというわけ。

こんな風に「サラド・コンポゼ」となったサラダは、前菜として食べる方がフランスでは一般的です。以上にご紹介したサラダの食べ方は、あくまでも我が家流だということを、念のために再度お伝えしておきますね。

(2) **サラド・コンポゼ【salade composée】** 肉や魚を加えてボリュームを出すこともできる、さまざまな具を混ぜ合わせたサラダ。

それぞれのサラダの具を別々に出すことで、好きな分量で混ぜ合わせられる、セルフサービスの我が家のサラド・コンポゼ。

Un peu de fromage pour finir mon pain.

パンを食べ終わるために フロマージュを少々

肉食の国であるフランスは、フロマージュの国でもあります。フランス各地で見られる家畜は、肉だけでなくミルクも私たちに提供してくれるのですから。もちろん、肉牛と乳牛は区別されて飼育されるため、我が家にいる肉用の牝牛たちもさすがに乳絞りまではやりません。一度は自家製フロマージュに挑戦してみたい気もしますが、そこまでしなくともフランスには多種多彩なフロマージュがあるのですから！

現在、フランスで作られるフロマージュはなんと約１２００種類。フランス人が２０１５年に年間で消費したフロマージュの量は１人26.8kg（フランス国立酪農経済センター Cniel ２０１７年発表値）で、堂々の世界で一番フロマージュを消費する国民です。実はその昔、フロマージュはデザートの一部として、食事の最後にサービスされていました。メイン料理の後、デザートの前の位置に独立したのは20世紀になってからなのです。

そういえばレストランでも、フロマージュの盛り合わせとともにドライフルーツを出すところがあります。フロマージュとフルーツは、今でも相性のいい組み合わせとされるのは、同じデザートだった歴史的背景があるからなのかも。ちなみにフロマージュ・ブラン[1]は現在でもデザートとして出されます。本書の冒頭でも紹介したように、このメイン料理の後にフロマージュだけを食べる、伝統的な食べ方をする人は、若年層を中心に減ってはいるのですが、ピザやキッシュなどのチーズを使った料理や調理済み食品が出回り、フランス人のフロマージュ自体の消費は増えているというわけ。

　そんな時代の中で、相変わらずフランス流の伝統的な食べ方をしている我が家では、毎日2回、昼ごはんにも夜ごはんにもフロマージュが食卓に並びます。フランスの各地方でその地ならではの特色があるフロマージュが作られているのですが、我が家があるのは世界的に有名なチーズのひとつであるカマンベールの産地、ノルマンディー地方。ここではノ

我が家ではフロマージュに手を加えないのですが、知人宅ではカマンベールをオーブンで温め、とろりとした中身に。

(1) **フロマージュ・ブラン【fromage blanc】** フレッシュチーズのことで、砂糖やはちみつ、コンフィテュールをかけて食べます。

（上）ポン・レヴェックはうっすらと白カビで覆われた、オレンジがかった表皮の四角いチーズ。この切り口はファンファンの1回分に食べる分量なのです。（下）納豆にも通じるようなクセのある匂いがあるリヴァロは、私たちは表皮を取り除いて食べます。フロマージュは表皮も食べられるものが多いのですが、味が強い場合は取り除くとまろやかになります。

---

(2) **アー・オー・セー【AOC】**原産地統制名称 (Appellation d'Origine Contrôlée)。フランスの法律により、厳しい審査を通った食品のみがその原産地を名乗れるという品質保証。

ルマンディーの代表的な、原産地統制名称AOC(2)のラベルのあるフロマージュをご紹介しましょう。

まずはやはりフランスチーズの代表、カマンベール。今や世界中でカマンベールと言う名で売られているチーズが多数ありますが、AOCが名乗れる本物のカマンベールは、ノルマンディー産である「カマンベール・ドゥ・ノルマンディー」(3)のみ。加熱殺菌されていない牛の生乳「レ・クリュ」(4)を原料とし、カードをレードルを使って手作業で型に入れるのが原則です。最低21日間熟成させる白カビタイプのフロマージュで、丸い木箱に入って売られています。

とまあ、まさに原産地に住んでいるわけですが、実は私はあまりカマンベールが好きではありません。生きているフロマージュは状態によって味わいが異なるのが魅力のひとつですが、生乳で作られた「本物のカマンベール」は熟成するにつれ、味が強すぎる場合があるからです。したがって、加熱殺菌された牛乳で作られる「偽物のカマンベール」の方が穏やかな味わいで、残念ながら私には食べやすいのです。

次なるノルマンディーのフロマージュは「ポン・レヴェック」(5)。牛の生乳または加熱殺菌乳を原料とし、塩水で洗って2〜6週間熟成される、オレンジがかった表皮のフロマージュです。ウォッシュタイプとはいえ、滑らかな舌触りのやさしい味わいで、熟成が進んでもいくらでも食べられる。四角い形でこちらも木箱に入って売られています。

最後は側面に巻かれた3〜5本の帯が特徴的な「リヴァロ」(6)。植物のイグサまたは紙製の細い帯は、その昔、形が崩れないように補強したため。塩水で洗うウォッシュタイプで、ベニノキの種子で作られる、天然色素アナトーで色付けされたオレンジ色の表皮には、少々刺激臭があります。しかし、表皮を取り除いて食べれば、細かな気泡が入ったねっとりとした中身は癖のない味わいです。

我が家では、これらのノルマンディーならではのフロマージュも時々食べるのですが、毎日の食卓に出

(3) **カマンベール・ドゥ・ノルマンディー**【camembert de Normandie】ノルマンディー地方で作られるAOCのカマンベール。
(4) **レ・クリュ**【lait cru】加熱殺菌されていない生乳。
(5) **ポン・レヴェック**【pont l'évêque】牛乳で作られるウォッシュタイプのAOCの四角いチーズ。
(6) **リヴァロ**【livarot】側面にイグサが巻かれたウォッシュタイプのAOCチーズ。

すのは実はシェーブルチーズ[7]。「クロタン」[8]と呼ばれる、ヤギの乳を原料にして作られる、小さな円筒形の白カビタイプのフロマージュです。ヤギのチーズと言うと、臭くて癖があるとお思いの方も多いでしょうが、AOCもAOP[9]もついていないノルマンディーの小さな生産者が作るこのシェーブルチーズは、まったく匂いも癖もないのです。フレッシュなものは、ほんのりフルーティな味わいがあるほど。

熟成の段階ごとに変わる、それぞれの味わいが楽しめるのも、シェーブルチーズならでは。型から出した8日後のフレッシュなものから、15日後の白カビがうっすら表皮を覆いつつ、中はまだフレッシュなもの、3～4週間後、乾燥して凝縮した味わいの固くなったものまで。異なる風味は同じフロマージュといえども、バラエティー豊かに楽しめます。お口直しのサラダとの相性も抜群で、まさに飽きのこない美味しさ！

AOC、AOPの表記はフロマージュの伝統と品質を守るためにもちろん必要なのですが、今や減りつつあるとはいえ、フランスの各地で小さな生産者が名もないフロマージュを作り続けています。これまた、知人の叔父さんがノルマンディーで作る、コンテ[10]風の硬質チーズも絶品！　限られたマルシェでしか売られていないため、こちらは知人宅に夕食に招かれると、いつも楽しみにするフロマージュなのです。

基本的には、メイン料理の後にそのまま食べるフロマージュ。人によってサラダを先に食べてからフロマージュを食べるか、サラダと一緒にフロマージュを食べるか、意見が分かれるところ。私はサラダと一緒派で、サラダの爽やかな味わいの合間にフロマージュを少々いただくのが好き。したがって、特に知人宅に呼ばれた時は、デザート分だけでなくフロマージュ分も考えて、メインまでの食べる量を調節しなくてはいけません。前菜とメインで満腹になってしまうと、美味しそうに並んだフロマージュを恨めしそうに眺めながら、手が出せなくなるからです。しかも、

(7) **シェーヴル**【chèvre】ヤギ
(8) **クロタン**【crottin】もともとは「糞」という意味があり、小さな丸い形が似ているところから。
(9) **アー・オー・ペー**【AOP】保護原産地呼称 (Appellation d'Origine Protégée)。欧州統一の呼称で、今後AOCはAOPに統合されるとか。
(10) **コンテ**【comté】フランシュ・コンテ地方を中心に作られる、牛乳を材料とするハードチーズ。

フレッシュなシェーブルチーズはサラダとの相性も抜群。パンにのせたシャーブルチーズを焼いて前菜に出すこともあります。

その後には何といってもデザートが待っていますし。

でも、ファンファンを筆頭にフランス人男性のフロマージュの消費量と言ったら、目を見張るばかり。我が家でもよその家でも、フロマージュは丸ごと皿に並べて出すのですが、5センチほどの厚みでざっくりと自分の食べる量を切るほどの豪快ぶりなのです。食べるかどうか迷っている女性でさえも、食欲をそそるフロマージュが出てくると、ついつい手を出してしまいます。そんな時の言い訳が、手元に残ったパンのかけらを手に取り、「パンを終わらせるためにフロマージュを少々」の決まり文句というわけ。やっぱりフロマージュが大好きなフランス人たち。デザートどころでなく、フロマージュさえも別腹の人々に、私は両手を挙げて降参するしかないのです。

On ne peut pas finir un repas sans dessert.

デザートなしでは食事を終えられない

フランスでの食事の最後に、必ず出てくるのがデザートです。レストランでの「前菜&メイン」または「メイン&デザート」の2皿の選択肢では、後者を選ぶ人が断然多いというほど、フランス人は甘いものがお好き。そもそも中世までは料理にもふんだんにフルーツや砂糖、はちみつを使い、甘系と塩系の料理が混ざってサービスされていました。フランス語でデザートは「デセール」で、食卓を片付けるという意味があり、テーブルの上のすべての食器を取り払った後に出される、最後のサービスを指したのです。この「デセール」(1)に、すべての甘いものが集約され、現在で言うデザートとなったのは、フロマージュが独立した20世紀になってからのこと。

日本でも食後にデザートを食べる人が多くなっているようですが、日本に住んでいた時に私自身はその習慣がなく、実家でもフルーツがあれば時々食べるくらいでした。そもそも辛党の私は、おやつを間食することはほぼなく、食後のデザートよりも食後酒

(1) **デセール【dessert】** 元々はテーブルの上を片付けた後の最後のサービスを指し、後に甘いものだけのデザートを意味するようになりました。

我が家の果樹園での収穫時期は大忙し。形も大きさもさまざまながら、正真正銘無農薬のリンゴです。

の方を好むくらい。また満腹になることは、私にとって不快でしかありません。好き嫌いなく何でも食べますが、肉も野菜もフロマージュも万遍なくいただき、まさに腹8分目で食べ終わるくらいが調度いいのです。したがって、日常の食事で毎回デザートを食べることは、私にとっての心地よい状態を超してしまうということ。

さらに言うと、私はル・コルドン・ブルーでお菓子作りの基礎コースも学んだのですが、レシピを見ながら分量を量って作るということがどうも苦手。いや粉モノを触わることや、お菓子を作ること自体は好きなのですが、できれば勝手気ままに作りたいんです。その点、味見をしながら、適当に作れる料理の方が私の性分には合っているというもの。ただでさえ、毎日の料理だけでも時間がかかるというのに、その上デザートまで作っている余裕はありません！

なんて、デザートを作らない言い訳を並べてみましたが、ええ、フランスのほぼ伝統的な食卓である我が家ながら、実は私はデザートを作ったことがないのです。とはいってもうちの果樹園では、サクランボ、リンゴ、洋ナシ、プルーン、アプリコットが採れるし、私がデザートを作らずとも常にフルーツがある我が家。食後に甘いものが欲しい典型的フランス人のファンファンは、毎食後にフルーツを食べています。砂糖を加えて作るお菓子よりもヘルシーだし、フルーツの天然の甘さで十分というもの。私だってフルーツが欲しい時は、食後に食べることだってありますが。

我が家の話はさておき、フランスの一般的な家庭では、まさか料理の他にデザートまでを毎日作っているのでしょうか？　気になって周りにいるフランス人に聞いてみると、週1回、週末に作るという人が多くて、ほっとひと安心。平日は我が家のようにフルーツが主で、ヨーグルトや同じくパックに入ったクリームやコンポートなど、市販のデザートで済ませる家庭が多いようです。しかしながら、知人を招待した時は、やはり最後にデザートを出さなくてはいけないのが、

（右）ファンファンの作るサクランボのクラフティは、作る量も豪快です。招待した夜ごはんで残ったら、翌日にも食べられるため。実はひと晩置いた方が、さらに美味しいのです。いろんなフルーツで作れます。（左）我が家で採れるサクランボは、ダークチェリー、ナポレオンなどさまざま。酸味の強いグリオットは、カルヴァドス酒に漬け込みます。

フランス風食卓の掟。

とうとう私がデザートを作る羽目になるかというと、我が家のパティシエ[2]はファンファンなのです。子供の頃は、リンゴのタルトを作ってママンを喜ばせていた彼。お菓子作りが趣味というほどではないのですが、作ること自体は嫌いではないんです。そして初めから「デザートは作らない」宣言をしている私と暮らし始めたため、作らざるを得ないのが本音。デザートを食べたいのは彼自身なのだから、どうぞご自分でお作りください！

とはいえ、我が家のパティシエのレパートリーは非常に限られています。まず、家にあるフルーツをたっぷり使うのが原則でして、彼の長年のお得意はサクランボやリンゴでも作れる「クラフティ[3]」。2番手は、食事に来た知人が口を揃えて褒める、「今まで食べた中で一番美味しい」とされる「クランブル[4]」。こちらもフルーツは何でもいいのですが、リンゴを使うことが多いです。そして両方ともノルマンディーのお

(2) **パティシエ【pâtissier】** 菓子職人。本来は生地（パート［pâte］）を全般に扱う調理人のことを呼んだのが始まり。
(3) **クラフティ【clafoutis】** サクランボに卵、砂糖、牛乳、小麦粉を混ぜた生地をかけて焼いたリムーザン地方のお菓子。
(4) **クランブル【crumble】** サクサクの生地が特徴的なイギリスのお菓子。

(上) カシスの小さな果実は収穫するのもひと苦労です。酸味が強いため、このまま食べることはしませんが、ジュレにして朝ごはんで年中いただきます。(下) カシスのジュレを作る時に出た灰汁を再利用した、カシスのシャーベット。非常に濃厚な味わいなので、バニラのアイスクリームと一緒に食べるとちょうどいいくらいです。

(5) **カルヴァドス**【calvados】リンゴのお酒、シードル(cidre)を蒸留して作られるアルコールで、「カルヴァ(calva)」と略すことも。カルヴァドスはノルマンディー地方にある県名でもあります。

酒、「カルヴァドス」[5]をたっぷり入れるのが、私たち好み。

　我が家で採れたフルーツでコンフィテュール[6]を作るのも、ファンファンの仕事なのですが、うちで採れたカシス[7]でジュレ[8]を作る時に大量の灰汁が出るのです。この灰汁を何かに使えないかと考え、シャーベットにしたところ、これが大成功！

　カシスと砂糖を煮た時に取り除いた灰汁に、ヨーグルトまたは生クリームを混ぜて冷凍庫へ。灰汁の中に気泡が入っているためか、途中で混ぜる必要もなく、柔らかいシャーベットに仕上がるのです。私

たち自身、カシスの味わいがギュッと凝縮した濃厚な味わいに、パリで有名なアイスクリーム屋さん「ベルティヨン[9]」よりも美味しいと、自画自賛。ファンファンがデザートを作る暇がない時は、このカシスのシャーベットを出します。ただのシャーベットと言えども、何といっても自家製ですから！

　とまあ、たったの3つのレパートリーですが、どれもこれもみんなに絶品と言われるほど好評。我が家で採れたフルーツが主役なのだから、素朴なお菓子でも十分美味しいというもの。時には私もデザートを作る気になるのですが、パティシエの仕事を取ってはならぬと、知らんぷり。一度作ったら最後、それ以降は私の仕事になっても困りますから。ま、お互いそれぞれの役割分担ということで、我が家ではお客様をお迎えするのです。

---

(6) **コンフィテュール【confiture】** フルーツに砂糖を加え、煮て作るジャム。
(7) **カシス【cassis】** 強い酸味が特徴的なフルーツ、クロスグリ。
(8) **ジュレ【gelée】** 果汁だけを使い、砂糖と一緒に煮て作るジャム。
(9) **ベルティヨン【Berthillon】** パリで一番美味しいと言われるアイスクリーム屋さん。

牧草地や果樹園は、人間や動物に食べ物をもたらしてくれるだけでなく、春には花が咲き誇り、美しい景色をも見せてくれます。これぞ、田舎で暮らす醍醐味でしょう。

‹LE DÎNER DES INVITÉS›

招待する日の夜ごはん

Les français aiment inviter à la maison.

自宅に招待するのが好きなフランス人

フランス人は知人を自分の家に招待するのが好きです。どのくらい好きかと言うと、何と97%のフランス人が知人を自宅に招くと答えるほど。その頻度は71%が少なくとも月に1度、18~34歳では31%が少なくとも週に1回と言います。金曜の夜以降の週末に招くのが一般的ながら、誰でも招待するわけではなく、自分の家族が85%、知人が84%だそう（リサーチ会社オピニオンウェイ2017年フランス・イケア用統計）。親しい人々と食卓を囲むことが、何よりも大切と考えるフランス人像が、そんな統計からも伺えるわけです。

でも、私たち日本人だって、知り合い同士で楽しく食事をすることは好きですよね。私が東京に住んでいた時は、フランス人ほど多くはありませんが、時々は自宅や知人宅でホームパーティーをしていました。しかし圧倒的に多いのが外食。何といっても東京は飲食店の数は多いし、お酒をたくさん飲んでしまうと割高になりますが、軽く飲んで食事をするくらい

（上）パリジャン宅に招かれた時の食卓。オスマン様式のアパルトマンと相まって、パリ独特の洗練された雰囲気が漂います。知人宅に招待されると、他所のお宅のインテリアを覗けるという楽しみがあります。（下）前菜は各自のお皿に盛ってサービスする家庭が多いです。そんな場合は家人や招待客も、お皿を運ぶのを手伝ったりします。

ならば安くて美味しい店が山ほどあります。フランスに来て私がもっとも恋しくなるものと言えば、まさに日本の居酒屋。あの雑然とした雰囲気の中で、気軽にお酒と料理が楽しめる店は、フランスにはありませんから。

　今やパリにも各国さまざまな料理が楽しめる店が増えましたが、基本的には安かろう悪かろうの世界。フランスでは２０１７年現在、レストランなどで食事をすると料理は10%、お酒には20%の付加価値税がかかります。スーパーなどで買う食料品は5.5%なので、家で料理を作った方が安いのは明らか。それでもパリには高収入の人々が多く住んでいるので、パリジャンたちの半数近くが週に一度、夜又は週末にレストランに行くという統計もあります。そもそもツーリストが多いため、レストラン同士の生存競争が激しいというもの。内装も料理も、口うるさいパリジャンたちを唸らせるほどの高品質のレストランが多いのも当然です。つまり、お金をそれなりに出せば、美味しい料理が食べられるということ。

　しかしノルマンディーの田舎ともなると、レストランの数は限られてしまいます。我が家は海側にあり、夏季はツーリストで賑わう地域。近くの街に行けばそれなりにレストランはあるのですが、地元民が勧める店をひと通り訪れてみても「もう一度行きたい」と思う店がなかなか見つからない！　せっかくお金を払ってレストランに行くからには、家では食べられないシェフならでは技術や味付けを楽しみたいもの。さらに料理を作る私

メイン料理は大皿を招待客に回して各自で取ってもらうか、テーブルの中央に置いて、誰かに取り分けてもらいます。

としては、「たまにはレストランで食事をして、ちょっと休ませてよ」というのが本音。

でも、いつも食事が終わり、お会計を済ませる頃になると、「この料理でこの値段？」という不満が残ってしまうのです。それならば、「家で食べた方が美味しい」と、口を揃えることに。フランス人全体のレストラン（ファストフードを除く）に行く頻度の調査では、1カ月に少なくとも1回と答えた人が33％、3カ月に1回で70％、1年に1回で89％です。この頻度は年齢や収入、地域によっても異なり、イル・ド・フランス地域では1カ月に1回が52％まで上がります（フランス調査会社BVA 2015年 ドメオ＆プレス・レジョナル用統計）。

しかしながら、多くの一般的なフランス人にとってレストランとは、誕生日や家族の集まりなど特別な機会に利用する場なのです。となると、ノルマンディーの田舎のレストランには、ツーリストを除くと限られた客しか来ないということに！　それじゃ

レストランで食事をするよりも、自宅や知人宅で食事をした方がリラックスできるのは当然です。

あ、味の改善も何もあったものではありません。値段が高いレストラン→レストランに行かないフランス人→質が落ちる→さらに行かなくなる、という悪循環に陥っているというわけ。美食の国と言えども、田舎に行くほど個人経営のレストランは少なくなる一方で、マクドナルドを筆頭に安いチェーン店ばかりが目に付くと言った悲しい状況なのです。

したがって、フランス人たちは安く美味しく食べるために、家に知人を呼ぶしかないというわけ。家だったらワインも思う存分飲めるし、会計をする必要がない。家族が集まるのも大抵が週末の昼ごはんで、食後にみんなで散歩に出かけるのが習わし。まさにお金がまったくかからない、経済観念のしっかりしたフランス人らしい週末の過ごし方なのです。ただし、招待されたら、招待し返すのが礼儀です。いくら会計がないからといって、一方通行ばかりでは不公平というもの。だから、お互いに招待し合い、家を行き来するのが連鎖的に続いていきます。

我が家の招待頻度を考えてみると、季節で若干異なります。一気に多くなるのは春から夏。太陽を拝める日が多くなり、日が長くなってきたと思った途端、待っていましたとばかりにお馴染みのメンバーからお誘いが来ます。それを皮切りに、毎週誰かのお宅に行ったり、我が家に呼んだりが続きます。1度なんか3カップル＋独身男性1人の間で、そのうちの誰かの家を順繰りに訪れることを、4日続けたことがあります。さすがに4晩目にはみんなぐったりしていましたが、天気とともに一気に行動的になるのがフランス人。秋、冬は頻度が低くなりますが、それでも1カ月に少なくとも2、3回は招待し合っているでしょう。

同じような頻度でレストランに行くことを考えると、どのぐらいの出費になるのか、そら恐ろしくなります。自宅に招待し合うのは、できるだけ安く、そしてより寛いで心地いい時間を過ごすための、フランス人ならではの楽しみ方というわけです。

Les couples en France.

カップル社会のフランス

フランスで招待したり、招待されたりする時は、カップルで参加するのが一般的です。このカップルというのは、既婚、未婚は関係がありません。たとえ結婚（マリアージュ[1]）という形を取らずとも、一緒に暮らし、子供がいるカップルもいるのがフランスだからです。ちなみに私とファンファンも結婚はせず、パックス[2]という契約を交わしています。このパックスとは、法的には結婚と同等の配偶者の権利がもらえるものの、破棄することは結婚よりも簡単と言うシステム。そもそも同性間カップルのために作られた制度ながら、その簡易さが受けて異性間でもパックスという形を取るカップルが増えています。さらに法的手続きを一切交わさないユニオン・リーブル[3]のカップルもいるのです。

２０１６年の統計によると、フランス本土で一緒に暮らすカップルのうち、結婚しているのは73％、パックスは７％、ユニオン・リーブルは20％とのこと（フランス国立統計経済研究所 Insee）。この割合は年齢

(1) **マリアージュ【mariage】** 結婚。
(2) **パックス【pacs】** フランスで 1999 年に制定された民事連帯契約 (Pacte Civil de Solidarité)。
(3) **ユニオン・リーブル【union libre】** 法的な手続きを交わしていない事実婚、内縁関係の状態。

フランスでも特殊なパリでは、結婚する率が低くなりますが、地方では結婚する率は高くなります。

によっても異なり、24歳までは同棲していても結婚しないユニオン・リーブルが多く、35歳以上になるとやはりフランスでも結婚する率が上がります。長年一緒に暮らし、子供が生まれた後で結婚する人も多いのです。離婚者も多いため、子連れで再婚したり、再婚せずにユニオン・リーブルでいるカップルもいることでしょう。

したがってカップルと一言で言っても、フランスにはさまざまな形があるというわけ。だから、カップルで参加したからと言って、結婚しているかどうかは誰も気にしません。それどころか、結婚を前提としなくとも、親に恋人を紹介するのがフランス人。初めて恋人を紹介する場ともなるのが、家での食事なのです。紹介した後は、恋人も家族の団欒に常に招かれるようになり、いわば家族の一員のように見なされます。また、知人の恋人と初めて出会う場にもなるというもの。さらに、前の恋人と別れ、新しい恋人を連れて来るのもごく普通のことなのです。だから、家族や知人間ではお互いの暮らしぶりを、そのパートナーも含めてよく知っているというわけ。

となると恋人がいない人はどうなるかというと、特に女性1人は招待されにくいよう。何といってもフランスの女性は生涯、オンナである人々ですから、ひとりで来る女性に嫉妬をしやすいのかも。逆に私たちの周りにも独身男性がいますが、ファンファンの友達ということもあって、私たちは男1人でも招待します。これが、私の男友達

で私が招待するとなると事情が変わるのでしょうが。現に、カップル同士で集まることが多いだけに、恋人が友達の元旦那、または友達の元奥さんなんてパターンも多いよう。フランスでは恋人を取られないように一番注意しなくてはいけないのが、実は身近にいる兄弟や親友だったりもするのです。

そもそも恋愛の観念が生まれたのは、12世紀の南フランスと言われます。当時の騎士たちは、自分が仕える領主の妻である貴婦人に、報われない恋心を抱き、身も心も投げ出して愛する人に尽したものでした。恋愛とは、忠誠を誓うための騎士道のひとつの形だったのです。この騎士道精神に基づいた恋愛は後に宮廷風恋愛と呼ばれ、17世紀に駆け引きを楽しむ恋愛ゲームへと変化します。この時代、上流階級の社交の場となったサロンを開く、才色兼備の貴婦人を中心に、宮廷風恋愛は流行します。そんな自由奔放な恋愛を、道徳的な観念で抑えつけるために、結婚＝貞節という考えが広められたとも言われます。

よって元々「不倫」から始まった、騎士道の恋愛精神を遺伝的に持つフランス人が、結婚をただの契約だと考えるのも無理ない話。だから、恋愛結婚したからといって、気持ちが冷めればあっさりと別れてしまう人も多いのでしょう。そもそも結婚する前に同棲するのが一般的なのも、結婚に対して慎重だからこそ。恋愛感情自体、永遠に続くとは思っていない人々だからこそ、カップルとなった暁には、できるだけ2人で一緒に過ごし、長く愛を育もうと努力するのです。

カップル同士で参加する食事では、さまざまなフランス人カップルの関係を目の当たりにできます。大抵、カップルの片方が話し役で、もう片方が聞き役といったバランスが多い気がします。おしゃべりなのは女性に限らず、我が家のファンファンを筆頭に、まさに口から生まれてきたような男性が多いのもフランス人ならでは。私の周りで一番のおしゃべりだと思うノルマン女のオディールと食事をする時は、ファンファンとオディールの息もつかせぬ会話が始まると、私も彼女の旦那も口を挟む余地はありません。

そしてフランス人カップルは、女性の方がしっかりしているというのが私の印象。日本で言うところの「かかあ天下」です。その昔、身分違いの高貴な女性を崇拝するのが恋愛の形だったように、現在のフランス人男性の好みも、知的で機転が利き、いくつになっても女らしい女性。自宅での食事に招待することは、その家の女主人の手腕が発揮できる機会でもあるのです。そして、フランス人男性は、そんなパートナーを眺めては惚れ直すという仕組み。もちろん愛するパートナーを他人の前で褒めることを惜しみません。

また、招待された帰りの車の中で、2人きりになってからその夜の感想を言い合うのも面白いもの。いくら口達者なフランス人とは言え、誰彼構わず思っていることをすべて話すわけではありません。「あのカップルはようやく結婚するんだ」とか、「旦那の方は信用ならない」とか、「気分屋の彼女は珍しくご機嫌だったね」など、言いたい放題。もちろん意見が分かれることも多いのですが、カップルは何でも言い合える友達であり、共犯者であったりもします。そしてお互いに知っている友人が多いということは、カップル間の話題作りにもなるというもの。

日本では女には女の付き合いがあって、男には男の付き合いがありますよね。いくら結婚していても女の友達に会うからと言って、お互いの夫を連れて来ることはしないでしょう。私もパリの友達とは、フランス人も日本人も女同士でランチを食べることが多いです。ユニオン・リーブルのパートナーを持つパリジェンヌ、フランソワーズは、「たまにはパートナーの居ないところでいろいろ話せるのがいい」と言います。やっぱりパリジェンヌだって時には女トークがしたいというもの。結婚しているパリジェンヌのシルヴィーは、旦那さんとうまく行っていない頃、「カップルの付き合いだけでなく、個人的な付き合いも大切にしようと思っている。別れた時に知り合い

フランスでは結婚の仕方も人それぞれ。自分たちですべて手作りして結婚式を開くカップルもいます。

が一気に減るのは悲しいから」とも。カップル社会にはそんなリスクもあるのです。
結局のところ、私はカップル社会も男女別々の社会も両立している状態がいいと思います。ただし、カップルに関していえば、2人だけの濃密な時間を過ごすのは、付き合いが始まったばかりならばアリでしょうが、その状態で愛を長く続かせるのは難しいのでは。他人に取られるかもしれないという危険を冒したとしても、外部からの刺激が必要なのです。言うなれば、招待客であるカップルは、自分のパートナーの引き立て役のようなもの。カップルで参加することにより、自分たちはもちろんのこと、他のカップルの愛情も盛り立てているというわけ。そんな相乗効果があるからこそ、フランスはカップル社会でい続けているのでしょう。

Le moment d'apéritif.

アペリティフの時間

フランスで私が大好きなひとときと言えば、アペリティフ[1]の時間。フランスでは食事の前に食前酒を楽しむ習慣があり、レストランでもテーブルに着くと初めに、「アペリティフはいかがですか？」と聞かれるのがお決まりです。レストランでは高くつくし、アペリティフまで頼むことは稀ですが、外食はしなくともカフェで1杯というのはよくあるパターン。「アペロしない？」とは、パリジャンたちの大好きな言葉で、夕方のパリのカフェは大盛況なのです。仕事が終わった後、カフェのテラス席に座り、ホッと一息。知人を待ちながら、もしくは知人と一緒に、夕暮れ時の街と道行くパリジャンたちの姿をぼんやり眺めながら、生ビールを飲む時の幸せといったら！　これに勝るものはありません。

　日本の居酒屋で「まずはビール」の最初の1杯は、フランスのアペロの幸福感に通じるものがありますが、日本の場合はそのまま食事へと突入しますよね。フランスの場合は、軽いおつまみも出ますが、アペ

(1) **アペリティフ【apéritif】** 食前酒。略して「アペロ（apéro）」と言うのがフランス人風。

夏の夕暮れ時のカフェのテラスは大賑わい。フランスでビールは食前酒として飲むのが一般的です。

近年、パリで食前酒として人気なのがモヒート。ラム酒ベースにライム、ミントの葉を入れた清涼感たっぷりのカクテル。

リティフは食事とは完全に切り離された時間なのです。たとえその後は自宅で夜ごはんをそれぞれ食べるとしても、職場から直接家に帰るのではなくちょっと寄り道をする。言うなれば、仕事と家庭の合間のワンクッションといった意味合いもあるのでしょう。

自宅に招待した時も、アペリティフは必要不可欠。食事まで作りたくない時は「アペロに来ない？」と、食前酒だけに呼ばれることもあります。ただし、話し出すと止まらないのがフランス人というもの。カフェとは違って自宅ともなると、だらだらと長居することになり、夜の9時になってもアペロが終わらないのはしばしば。食前酒とは、そもそも「食欲を促す」ためのものであるはずなのに、いくらお腹を空かせたところでおつまみはスナック系しかない。正直に言って、自宅にアペロだけの招待は私は勘弁。夜の9時までいるのならば、夜ごはんも用意してくれと言いたいのです。

ちなみにフランスでは食事に招待されると、「約束の時間よりも遅れて行く」のが常識です。大抵、私とファンファンも「意図せず」遅れてしまうことが多いため、私もそのつもりでいました。ところがある日、ファンファンのママンと3人で知人宅に向かっていた際、「今日は珍しく時間通りだ」という話に。ふと気になって2人に聞いてみると、「約束の時間は守るのが礼儀」と、当然のような返事。「えっ、この人たちは時間を守る気があったってこと？」と、口をあんぐりと開けてしまいました。

アメリカ人の文化人類学者、エドワード・T・ホールが提唱した考えで、時間の感覚は国や文化によって異なると言われます。決められた予定を時間通りに進めるモノクロニックな民族と、人との関わりによって予定はいくらでも変わるポリクロニックな民族の2種類がいるのだとか。現代の日本人は前者と言われていますが、フランス人は後者のため、いくら約束の時間に遅れたとしても、誰も気にしない国だと言うこと。案の定、「時間通り」と話していた私たちも、

（右）フランス人が大好きなのはシャンパン。特にお祝い事があった場合は、必ずシャンパンを開けます。（左）今の若い人々は、アペリティフのおつまみを前菜としてしまい、その後はメインとデザートを出すのが流行りなのだとか。おつまみを手作りする人も多く、パンの上にパテなどをのせたカナッペが定番ですが、ツナペーストなどさまざま。

その後銀行に寄ったため、予定よりも10分くらい遅れて知人宅に到着したのです。

そんなポリクロニックな人たちだからこそ、アペリティフの時間が必要だとも、私は思うのです。「夜7時30分に家に来てね」と言ったところで、約束通りに来る人もいれば（フランスにもモノクロニックな人はいる）、7時45分に来る人、そして8時に来る人もいる。いくら遅れても30分内が基本的な相場ながら、各自好き勝手にやって来る招待客を、アペリティフでも飲んで気長に待つしかないわけです。そして各料理を順番に食べるロシア式サービスは、全員が揃わないと始められないという食事の仕方でもあります。

そんな時間には頓着しない人々ですから、初めて訪れる家ならば家中を招待客に見せるホストもいます。自分たちで改装している家が多いフランス。自分自身でやらずとも、いろんな改築計画があり、それらの詳細を一々説明するのがフランス人はお好きなの

(2) **ブリコラージュ【bricolage】** 日曜大工。フランス人に人気の趣味のひとつ。
(3) **サロン【salon】** 居間。我が家では知人が来た時は、たとえキッチンで食事をしたとしても、アペリティフはサロンで楽しみます。

です。他人が自宅にやって来る日は、いわば発表会のようなもの。私もブリコラージュ[2]をするようになって分かったのですが、自分で手掛けた内装は身内以外の人々にも披露してみたくなるわけです。

家を一周しなかったとしても、まずは招待客をサロン[3]に通すのが一般的。家の間取りにもよりますが、我が家ではソファーでくつろぎながら食前酒を楽しみます。となると、いくら全員が揃ったとしても、おしゃべりに花が咲き、長々と続くのがアペリティフタイム。やっぱり食事の開始が夜9時以降になるのはザラなのです。いくらアペリティフの時間が好きな私といえども、時間も気にせずにしゃべりまくるフランス人の間で、空腹を抱えて頭までクラクラして来る始末。でも仕方がありません。何といっても相手はポリクロニックな人々なのですから。

ノルマンディー産の食前酒は、ポモー。リンゴの果汁とカルヴァドスを混ぜて作る甘いお酒です。

Le service de grand-mère.

おばあちゃんの
食器セット

ブロカント(1)好きなフランス人とはよく言われることですが、私も負けず劣らず古い物が大好き。パリでは毎週同じ場所で開かれる蚤の市「マルシェ・オー・ピュース(2)」の他に、常にどこかの地区で「ヴィッド・グルニエ(3)」と呼ばれる一般人も参加できるフリーマーケットが開かれており、暇さえあれば冷やかしに出かけます。しかし慣れて来ると、一般人のヴィッド・グルニエでは物足りないのが本音。値段は安いのですが、まさにガラクタばかりで興味をそそられるものが全くないことが多いのです。パッと見で自分好みの店かどうか分かるようになると、一つ一つ覗いてみなくても面白いものがあるかどうかを嗅ぎ分けられるように。ピピッとアンテナが反応する店は、やはりプロの露店だったりします。

我が家の日常的に使っているお皿も多くがブロカントのもの。私の一番のお気に入りは、毎食に登場する菊の花が描かれたディナープレート。ブルゴーニュ(4)地方のロンシャン(5)窯で1880〜1912年に作ら

(1) **ブロカント**【brocante】古道具。古い物を扱う店のことも指します。
(2) **マルシェ・オー・ピュース**【marché aux puces】蚤の市。
(3) **ヴィッド・グルニエ**【vide-grenier】フリーマーケット。物置を空にするという意味。
(4) **ブルゴーニュ**【Bourgogne】フランス中央部にある地方。ワインの産地でお馴染み。
(5) **ロンシャン**【Longchamp】ブルゴーニュ地方の街ロンシャンに1868年に始まり、2009年まで続いた陶器窯。

（上）クリニャンクールの蚤の市は大規模で、いくつものブロックに分かれて蚤の市が開かれています。扱っているのも手頃な値段のブロカントから高級なアンティークまでさまざまながら、ぶらりぶらりと散策しながら楽しめます。（下）銀や銀メッキ製品も大量に見つかります。バラで売られているものは安価だったりしますが、揃えるのが難しいかも。

れた陶器です。クリニャンクール[6]の蚤の市で、真っ白なお皿とどちらにしようか迷った挙句、ファンファンの絵つきがいいという一言で決めて大正解。手描きの菊の花は一枚ずつ絵柄が異なり、食卓へ並べる度に眺めては、私はにんまりしてしまいます。日常では、各自ワンプレートだけで足りるフランスの食事ですから、少々高価でも美しいお皿を毎日使いたかったのです。買った当初はアンティークとはいえ、ほとんど使われていなかったようで新品同様の状態。我が家で毎日使っているため、表面にナイフの傷がついたり、端が欠けたり、まさに古物の趣が出てきました。

　ブロカントで売られていても、そんなふうに新品のような物は多いのです。大皿やスープ鉢、フルーツ皿など一式の、柄が揃った食器セットはかつての結婚式の贈り物でした。当時は親戚や知人が、新郎新婦の門出を祝い、新しい生活を始めるのに必要な家具調度品を贈るのが習わしだったのです。今や結婚前に同棲するフランス人が多くなり、すでに生活必需品が揃っていることが多いのですが、その習慣は現在のリスト・ドゥ・マリアージュ[7]に受け継がれています。したがって、フランスの多くの家庭には曽祖父母、祖父母の結婚式の贈り物がまだ残されているというわけ。

　我が家の知人を招待した時に登場するのも、ファンファンのママン方の祖母から受け継いだ食器セット。1927年ごろにリモージュ[8]のBRP.[9]アトリエで作られた磁器で、上品なピンクのバラの花の縁飾りがついています。すべての食器が残っているわけではないのですが、端が欠けているものも数えてディナープレートは23枚もあります。ファンファンのママンが言うには、やはり来客用に使われていたとのこと。基本的には前菜、メイン、サラダと、食器をそ

(6) **クリニャンクール【Clignancourt】** クリニャンクールの蚤の市と呼ばれるけれど、パリの北隣のサン・トゥアン（Saint-Ouen）市で開かれる、パリで最も大きい蚤の市。
(7) **リスト・ドゥ・マリアージュ【liste de mariage】** 新郎新婦がカタログの中から作った欲しい商品リストから、結婚式のお祝いとして招待客が選んで贈るシステム。
(8) **リモージュ【Limoges】** フランス中部にある街で、現在でもフランスを代表する陶磁器の産地として知られています。

スープ鉢やフルーツ皿まで揃ったおばあちゃんの食器。中央にバラが描かれたのはデザート皿で、異なるアトリエのもの。

(9) BRP.【ベー・エル・ペー】バランジェ、ルボワソン、プラデの職人3人の頭文字で、リモージュに20世紀初頭にあったアトリエ。

黒ずんでしまう銀製品はアルミホイルと塩を加えた熱湯に浸すとピカピカに。ビニール袋で包んで保存すれば輝きをキープ。

クリスタルのグラスも食前酒用、シャンパン用、ワイン用と種類豊富。クリスタルも銀製品も食器洗い機には入れられません。

の都度変えるのが正式な食事のため、そのくらいの数のディナープレートが必要だったのです。クリスタルのグラスも、銀メッキのカトラリーもすべて祖母からの遺産です。日常使いのロンシャンの食器だって、100年前にフランスのどこかで結婚した新郎新婦に贈られたものだったことでしょう。

　ということは、我が家で使っているのは約100年を経た食器類ということ。それもこれも、かつての所有者たちが大切に使ってくれたからこそ、私たちの手の中に今でも存在しているのです。もちろん、実際に使っているとお皿やグラスは割れてしまうことがあります。たぶんフランスでも多くの人が物を大切にするあまり、箪笥の肥やしにしてしまっている場合が多いことでしょう。そのおかげ

で、新品同様の古物がブロカントで手に入るわけですが、私としては物は使ってこそ、価値があると思うのです。特に我が家に6個しか残っていない、繊細なクリスタルのワイングラスを手にする時は、思わず姿勢を正してしまいます。雑に扱って壊してしまっては申し訳ないと思うとともに、自分より遥かに長く生きている物を敬う気持ちからです。

　今やいくらでも代用が効く安物が多く出回り、ちょっとやそっと壊れたところで何とも思わない物が身の回りにたくさんあります。だからこそ、貴重な一点モノを探しに、ブロカントを訪れてしまうのでしょう。時を経て私に出会うことを待っていた運命的な古物を見つけた時は、幸せさえも感じてしまいます。私たちのごく普通の暮らしを、ちょっと上質に見せてくれる魔法がフランスの古い物にはあるのです。

Ce n'est pas facile de préparer le repas des invités.

大忙しな招待料理

我が家にはキッチン内にあるダイニングテーブルの他に、サロン内にもうひとつ、ダイニングテーブルがあります。日常はキッチンで食事をしているのですが、来客時にはサロンのダイニングテーブルを使います。とはいえ、多い時は毎週のように誰かが食事に来る我が家。突然来る知人も多いため、来客時でもキッチンのダイニングテーブルで食べる方がほとんど。人を招くと言っても「一緒に夜ごはんを食べる?」と言った、気軽なものが断然多いのです。だから、自宅に知人を招待するのも日常パターンと、非日常パターンの2種類があるというわけ。

日常パターンは、キッチンでの普通の夜ごはんを食べる人数が増えるだけのこと。やはり前菜は作らなくてはいけませんが、そんな急な来客でも慌てないように、常に量は多く作ります。なんせ我が家は、冷凍庫にはいくらでも塊肉があるし、誰も来なければ残ったものを翌日に食べればいいだけのこと。いつもそのつもりでいれば、料理を作る私としては、知人が来るからといってストレスにならず、常に穏やかな気持ちでいられるからです。でも、さすがに連日来客が続いたり、人数が多すぎる場合は「宅配ピザを頼んで！」と料理放棄をすることも。そのぐらい軽い気持ちでいないと、来客が多い我が家ではやっていけません！

非日常パターンは、普段は私の仕事場として使っている、サロンのダイニングテーブルの上に散らかったノート型PCから書類まで、すべてを片付けることから始まります。家でとはいえ仕事をしている身としては招待客が遅れてくることを見越しても、準備を始めるのは招待時間の2時間前。さあ、そこからが戦闘開始です。空いたテーブルにテーブルクロスを敷き、人数分の椅子を並べたら、それぞれの前におばあちゃんの食器とクリスタルのグラスをセッティングします。

それからキッチンに行き、料理の支度を開始。それこそ、最初の頃は物珍し気に「日本料理が食べたい」と言われることもあり、カレー、餃子、おでんなどを作ってみたこともありました。一番好評だったのは、「サバの南蛮漬け」で、後々まで「あれは美味しかった」と言われるほど。でも、やっぱり肉、フロマージュ、パン、ワインが出ないと、物足りないのが保守的フランス人。さらに我が家では日頃、和食を作らないので、いざ作るとなるとパリで日本食材を買って来なくてはいけないという、非常に面倒な話になるのです。作る側、食べる側の意見が一致し、今やフランス家庭料理一辺

日常パターンの招待では、キッチンでいつもの夜ごはん同様に食事をします。気軽で親密な雰囲気でそれはそれでいいものです。

倒になりました。

クリスマスなどの特別な時は、フォアグラ(2)や生牡蠣などいつもとは違うもの食べたりしますが、招待料理と言っても我が家では普段の料理と何も変わりがありません。そもそも家にある塊肉は、普通ならば特別な日に食べるようなものなのですから。そして、余計なものを与えずに、自然のままで飼育した自家製肉の味わいは何といっても絶品。弾力のある鶏肉には慣れが必要ですが、子羊肉の臭みのない柔らかな肉質は感動的でも。そもそも、自宅で飼育した家畜の肉を使って料理を出すことが、素晴らしいおもてなしではありませんか。そして素材自体が美味しければ、調理に手間をかける必要はないのです。すでに紹介したように、我が家ではローストにするか、煮込みにするくらいの調理。野菜はすべてフレッシュなものを使うため、下ごしらえに手間も時間もかかりますが、味付けだって粗塩とペッパーミルで挽いた黒こしょうだけで十分に美味しいというもの。

さらに招待した時の料理は、できるだけ手間がかからないことも大切。前菜は基本的に冷菜なので、作ったら置いておくことができるとしても肉料理は、出すタイミングを考えて焼き始めないといけません。一番楽なのは作って置ける煮込み料理なのですが、季節感があるし、それればっかり出すのも芸がないというもの。またその場で1枚ずつ焼かなくてはいけない切り身肉よりも、塊肉を調理した方が、一度に量を作れるとともに、加熱時間も融通が利くのです。

しかし子羊肉のローストやロースビフなどは、いい具合に焼けた瞬間にサービスしないと、火が通り過ぎてしまうことに。オーブンに早めに入れすぎて、アペリティフを長々と楽しまれた時には、私は真っ青になるばかり。だから焼き加減が重要な肉料理は、ギリギリまでは焼き始めません。オーブンに入れる準備だけをしておいて、招待客が揃ってから、もしくは前菜を食べ始める時でも十分だったりします。相手はポリクロニックな人々ですから、焼きすぎるよ

---

(2) **フォアグラ**【foie gras】鴨やガチョウの肥大させた肝臓。高価なため、フランスでも特別な日に食べるのが一般的です。

非日常パターンのサロン。テーブルクロスは蚤の市で見つけた古い綿のシーツをテーブルの長さに裁断し、作り直したもの。

りは待たせた方がいいと言うもの。

ここで使用人のいないロシア式サービスの難点が出てくるのですが、キッチンとサロンがいくら隣同士だとしても、部屋を行き来しながら前菜からデザートまで順番にサービスするのは、そりゃあ大変なんです。招待された場合でも、前菜は各自の皿に盛って出したとしても、メインは大皿で出すのが一般的。招待客によって好みも食べる量も異なるし、皿に盛ってしまうと料理が冷めるのが早いというもの。やはり見た目はイマイチだけれど、調理をした耐熱容器のままでテーブルに出した方が、その後お代わりをする時までも温かく食べられるというわけなのです。

そして何といっても料理人の仕事の軽減になるというもの。もちろん、お皿にスライスした肉をのせ、付け合わせを上品に添え、ソースを周りにたらりと垂らすと言った、レストランのような盛り付けには憧れます。しかし、料理を作り、サービスをし、その間にさらに自分も食べなくてはいけない一人三役の状態。焼き上がった肉はその場で切らないといけないし、その上ソースの仕上げなんてしていたら、私は食べる暇もなく料理人に徹するしかありません。

さっきから椅子に座ったまま根を生やし、機関銃のようにしゃべりまくっているファンファンの尻を叩いて、サラダとフロマージュを出し、時には招待客にもお皿を下げてもらいながら、デザートを出す頃になって私はようやく一息。我が家では招待し合うメンバーは決まっているし、平日が多いので、遅くとも夜12時くらいにはお開きになるのですが、みんなが帰る頃になるとどっと力が抜けます。陽気に帰っ

て行く招待客を見送りながら、いやぁ、今日の招待もうまく行ってよかったとぐったり。その後、山のようにある汚れた食器を食器洗い機に詰め込んで、テーブルクロスを洗濯機に押し込んだら、ようやく本日の儀式が終わりです。

こんなに大仕事ではあるのですが、サロンのダイニングテーブルでの食事は、私は大好き。テーブルクロスを敷き、おばあちゃんの食器を出すと自分の家とはいえ、まさに非日常の空間に早変わりします。だから、たとえ特別な日ではなくとも、知人を呼んでは気分を変えるためにサロンで食事をするのです。そんな風にハレとケの切り替えになるからこそ、フランス人の招待好きも止められないのかもしれません。通常は質素な食生活でも、非日常はちょっと気取って豪勢な食事を楽しむ。そんなフランス人の招待癖のおかげで、私もメリハリのある生活を送っているというわけです。

我が家では招待時も、メイン料理は耐熱皿のまま出し、各自取り分けるスタイル。お代わりしたい人はいくらでもどうぞ。

Du vin, de l'eau et les toilettes.

ワインと水とトイレの関係

忘れてはいけない、フランスはワインの国でもあります。フランスの北西部に位置するノルマンディー地方はワインの生産地ではありませんが、パリを過ぎて南へ下るにつれて多くなってくるのがブドウ畑。ボルドー(1)やブルゴーニュの名高いワインを筆頭に、各地でそれぞれの特色を持つワインが作られています。

とはいえ、ワインの消費量も年々少なくなっているフランス。1960年には年間1人100リットルも飲んでいたのが、2015年には1人42リットルまで減っています。知人宅に招待されたり、イベントなどの機会に飲む人は増えているのですが、日常的に飲む人が減っているのだとか。普段から晩酌としてワインを飲む人は65歳以上で38%に対し、25～34歳は5%に止まっています。また、アペリティフ人気で赤ワインよりも、ロゼワインや白ワインを飲む人が増えているよう（フランス国立農水産物統計所FranceAgriMer 2015年統計）。フランスの食卓にワインが必ずしも出されるものではなくなっているのです。

---

(1) **ボルドー【Bordeaux】** フランス南西部のヌーヴェル・アキテーヌ地域にある都市名。大西洋に流れ出す、ジロンド川周辺の肥沃な土地はワインの一大産地。

地域によってはブドウ畑が延々と続く風景が。ノルマンディーでも中世にはワインが作られており、現在は1カ所醸造所があります。

我が家でも2人だけの食事では飲む時もあれば、飲まない時もあります。私はフランスの食事、特にフロマージュをより美味しく食べるには、ワインは欠かせないと思うので、毎日でも飲みたい人。ファンファンは飲まなくても平気ですが、あれば2人でボトル1本を空けてしまうし、知人が来た時にも飲むことになるので、毎日飲むことはさすがに控えています。

　ところで必ずや飲み水が出されるのが、フランスの食事。レストランでのオーダーでも、ワインを頼んだとしても、飲み水も一緒に頼むのが一般的です。フランスのミネラルウォーター「オー・ミネラル[2]」には、炭酸なし「プラット[2]」と炭酸入り「ガズーズ[2]」があり、どちらかを選びます。もしくは無料の水道水が入ったカラフ「カラフ・ドー[3]」を頼むことも。もちろん、ワインを頼まないのであれば、飲み水だけ頼んでも大丈夫。家庭では水道水も飲めるのですが、飲み水としてミネラルウォーターや天然水「オー・ドゥ・スルス[4]」を常備しておく家が多いです。

---

(2) **オー・ミネラル【eau minérale】** ミネラルウォーター。炭酸なし「プラット（plate）」はエビアン、ヴィッテル、ヴォルヴィック、炭酸入り「ガズーズ（gazeuse）」はペリエ、バドワなど。
(3) **カラフ・ドー【carafe d'eau】** 飲み水にお金を払いたくないならば、水道水のカラフも頼めます。
(4) **オー・ドゥ・スルス【eau de source】** 天然水。ミネラルウォーターよりも安価で、くせがない味わいです。

白ワインは魚介料理を食べる時に飲むことが多いです。夏は冷やしたロゼワインの出番が多く、食前酒として飲むことも。

古くからあるワインですが、中世の時代までは水で割って飲むのが普通でした。水を飲むこと自体が衛生的に問題があった時代には、アルコール度数の低い薄めたワインが飲料水の代わりにもなりました。粗悪なものになると、ワインを作るために1度絞ったブドウのカスを何度も再利用して作られていたよう。その後、ワインの質が向上するとともに、フランスではワインをそのまま飲むことが一般的になりました。

そんな中、いまだにワインに水を混ぜて飲むノルマン男がひとり。お酒があまり好きではないパトリックの飲み方ですが、日本人でも日本酒が嫌いな人がいるように、フランス人でもワインを飲めない人がいます。赤ワインは苦手だけれど、ロゼワインは好きという女性も多いのです。私は何でも飲みますが、実はシャンパンが苦手。正直言ってあまり美味しいとは思わないし、翌朝にお酒が残るような時は大体シャンパンを飲んだ時が多いのです。たぶん体質に合わな

ワインに蘊蓄のあるフランス人もいますが、難しいことは一切なし。日常のワインは「おいしいね〜」と気軽に楽しむもの。

いのかと思うのですが、幸いなことにフランスでシャンパンはアペリティフに飲むもの。お付き合いとして最初の1杯だけにしておきます。子供にならばジュースを出すこともありますが、食中酒がワインしかない国で、ワインが飲めない人用にも出すのが飲み水なのです。

したがって、現在ではワインと水を混ぜることはしなくても、テーブルにはワイン用グラスと水用グラスの2種類を置きます。ワインをあまり飲まないのならば、水を多めに飲むなど各自で割合を調節するのです。ちなみにフランスでワインを注ぐのは男性の仕事。しかしながら、招待客のグラスが空になったかどうかを気にするようなファンファンではないので、気を回しすぎる私は一々頼まなくてはいけないのが難点。したがって自分のグラスが空いてしまった時には、他の人のグラスに注ぎながら、知らんぷりして手酌してしまいます。強制的に飲ませることはもちろんなく、注ぐ時に相手に飲むかどうかを聞くのが礼儀です。

よって私は水よりもワインが多めな飲み方をしているのですが、自宅ではキッチンとサロンを行き来しているため、時々トイレにも立ち寄ります。たぶんひと晩で2回はトイレに行くくらい。が、ふと気が付くと招待客の誰もトイレに行った気配がない。フランスでは食事中にトイレに立つことや、他所のお宅のトイレを借りること自体、エチケットが良くないと言われています。行くとしても、食事が終わった後の帰る前。しかし、食べたり飲んだりしている3〜4時間もの間に、一度もトイレに行かない人が多いとはどういうことでしょう？

そもそも欧米人はトイレの回数が少ないと言われています。乾燥した気候のため常に皮膚から発汗しているからとか、膀胱が大きいからという話ですが、フランスの同じ気候で暮らしている私の体質が変わらないのは、やはり体の造りの違いなのでしょうか。また日本料理は白飯やお味噌汁など、食事自体に水

（右）ボジョレー・ヌーヴォーでお馴染みのボジョレー・ワインの産地にいる、醸造家の知人宅を訪れた9月初め。ブドウを収穫するとともにタンクに入れて発酵させる準備に追われていました。（左）ボジョレー・ヌーヴォーの解禁は、11月第３木曜日。パリではカフェやバーで解禁を楽しむ人々が見られます。その年のワインの出来を判断する基準にも。

分が多く含まれているからとも言われます。日本の実家での食事を考えてみると、食事中にビールや日本酒を飲んだとしても水は飲みません。食後に日本茶を飲むのが実家の習慣ですが、必ず汁物が出るため、特に飲み物がなくとも食事には支障がありません。逆にフランスの食卓はスープを出したとしても前菜だし、パンは白飯よりもどう考えても乾燥しているから、やはり飲み水が欲しくなるのでしょうか？

そういえば、日本に帰るとどんなに田舎でも、清潔な公衆トイレがあることに感動します。パリでさえも公衆トイレが少なく、しかも有料のところが多いのは、フランス人があまりトイレに行かなくてもいいからなのかもしれません。

フランスでもアペリティフなどの最初の1杯は、乾杯から始まります。元々はグラスを打ち合わせて、お互いのグラスに入った飲み物を相手に注ぎ入れることで、毒が入っていない証明にもなったのだとか。現在でも出席者一人一人とグラスを打ち合わせるのですが、その時に必ず相手の目を見るのが礼儀とされています。相手に対して何の隠し事もないと言った感じ。その時に言い合う言葉が「サンテ(5)（健康に）！」の一言。なぜに「健康」なのかと言うと、中世の時代、お酒を飲むことは健康にいいとされていたのです。泥酔して嘔吐することは、体を浄化するとも言われたのだとか！　今はもちろん「健康のためにアルコールの節制」が謳われる時代ですが、招待された食事で酔っぱらうほど飲むフランス人を、見たことがありません。これもトイレに行かずとも、アルコールを皮膚から発汗しているおかげなのでしょうか？

何はともあれ、食事で喉が渇いたと言ってワインはがぶ飲みできるものではなく。料理の合間に口を清め、改めてワインの味を楽しむためにも必要なのが飲み水というもの。さらにワインと一緒に上手に水を飲むことが飲みすぎを抑え、気持ちよく食事を終わらせる、フランス流の「健康的」なワインの楽しみ方なのかもしれません。

---

(5) **サンテ【Santé.】** 乾杯。他にもいろんな言い方ができ、「あなたの健康に（ア・ヴォートル・サンテ [A votre santé]）」、「君の健康に（ア・ラ・ティエンヌ [A la tienne] ）」とも。

On mange dehors même s'il pleut.

雨が降っても食べるのは屋外

パリらしい風景のひとつと言えば、歩道いっぱいに張り出したカフェのテラス席を賑やかす、パリジャンたちの姿。このテラス人気は季節を問わず、冬も外にストーブが設置されるため、いくら寒い日でも屋外にいる人々が見られます。私も住むようになってよく分かったのですが、何といってもパリは太陽が貴重な存在。年間の日照時間で見てみると、パリは約1661時間（フランス気象局1981〜2010の平年値）に対して、東京は約1881時間（日本気象庁同年の平年値）で200時間以上の差があります。さらに夏時間があり、夏至付近の日の出が午前5時50分、日没は午後9時50分ごろに対して、冬至付近は日の出が午前8時45分、日没は午後4時50分ごろというほど、季節によって日の長さの差が激しいのです。

またフランスの家の構造にも原因があることでしょう。フランスの昔ながらの建物は石造りのため、開口部が広く取れないという難点があります。高層集合住宅が密集したパリでは、いくら採光のために中庭があるとはいえ、アパルトマン[1]のある階や位置によっては、日の光が入りにくいことは当然。ノルマンディーの古い石造りの我が家も、外壁は約70㎝もの厚さがあります。夏は真南にあるテラスの温度計が35℃を指していても、家の中に入ると20℃くらいという温度差。まさに天然クーラーが効いていて外から帰って来る分には気持ちがいいのですが、逆に家の中でデスクワークをしていると、夏でも底冷えがするくらい。昔ながらの木造の日本家屋が、湿気があるために通気をよくして開放型で作られたのに対し、フランスの家屋は閉鎖型というわけ。

そもそも湿気の少ないフランスでは、たとえ気温が35℃を超したとしても、日陰に入ると涼しい利点があります。さらに夕方から夜にかけて気温がぐっと下がるため、夜11時近くまで明るさが残る中、涼しくなった屋外で気持ちよく過ごせるのです。だからこそ、パリジャンたちは、太陽が顔を出すことが多い季節になると、その恩恵を受けるためにこぞって外に出るわけです。その様子はまるで冬眠していた動物が、春の訪れとともに生き生きとして活動的になるようでも。

　ちなみにフランスでもっとも日照時間が長いのは、南端の地中海に浮かぶコルシカ島のアジャクシオ[2]で、2755時間もあります（フランス気象局同年平年値）。したがって南仏に行くと、レストランやカフェなどでも店内にはほとんどテーブル席がなく、

(1) **アパルトマン【appartement】** 一世帯の居住空間のことで、日本で建物全体を指すアパートとは異なった意味合いです。
(2) **アジャクシオ【Ajaccio】** コルシカ島（コルス [Corse]）の首府。

広大なテラス席しかない店も多いのです。南仏のアヴィニョン[3]近くに住むアランの家に夏に遊びに行くと、朝も昼も夜も、食事は外のテラスで取ることに。1度、夜ごはんを食べている最中に雷が鳴り、大雨になったことがあります。パラソルがあるから大丈夫だろうと、テラスで食事を続行していたら、パラソルに水が浸みてポタポタと落ちてくる羽目に。通常は遮光用のためだけにある南仏仕様のパラソルですから、防水にはなっていなかったのです。アラン曰く、「こんなことは初めて」だとか。

　我が家のあるノルマンディーは、カルヴァドス県のカーン[4]で日照時間は1691時間（フランス気象局同年平年値）。パリよりも北部にあり、パリジャンに言わせると「ノルマンディーは雨ばかり」と馬鹿にされることが多いのですが、日照時間はあまり変わりがありません。したがって、ノルマンたちも夏になると喜々として屋外で食事をするように。我が家も知人を招待した時はもちろん、2人だけの夜ごはんだってテラスで食べるようになります。時間に余裕があれば昼ごはんも外で食べたいところですが、我が家のテラスは真南方向に位置するため、前述したように気温が35℃以上になることもしばしば。昼ごはんにはパラソルを広げて日陰を作らないと、さすがに暑すぎていられません。

　しかし、昼にそのくらい気温が上がった晩は、夜ごはんが外で気持ちよく食べられる日でも。何といっても、ここはフランス北西部のノルマンディー。実は夏とはいえ夜になると、寒すぎるくらいに気温が下がり、外で食べるためにストーブをつけなくてはいけないこともあるのです。また1度だけ、やはり食事中に大雨が降ってきたことがあります。その時は総勢8人の大宴会だったのですが、我が家の大きなパラソルはノルマンディー仕様の遮光&防水加工済み。パラソルの端から滝のように流れる雨水を避けながら、みんなで肩を寄せ合って食事をしたものでした。ノルマンディーでもさすがに「こんなこと

(3) **アヴィニョン【Avignon】** プロヴァンス=アルプ=コート・ダジュール地域の都市。
(4) **カーン【Caen】** カルヴァドス県の県庁所在地。

屋外で食べる夜ごはんの心地よさは季節限定もの。去年は、我が家初の自家製シードルをみんなで味わいました。

は初めて」でした。
ストーブを点け、パラソルで雨を遮ってまで、そんなに屋外で食事がしたいのかと聞かれたならば、「はい、外で夜ごはんが食べたい」のです。排気ガスを出しながら車が目の前を行き交うパリでさえも、晴れた日のテラス席は気持ちがいいものですが、田舎ともなると屋外の居心地は、それはもう格別。暑くもなく寒くもない夕方の穏やかな気温の中、大地から立ち上るかすかに甘い香りを嗅ぎながら、日没へ刻々変化する空の色を眺めて過ごす贅沢な時間。それはまさに五感で味わう食事そのものというわけ。その快楽を知っているからこそ、限られた季節の中、フランス人は躍起になって屋外で食事をしようとするのです。

Le plaisir de partager le repas.

みんなで食卓を囲む幸せ

今でこそ、毎週のように知人を食事に招くことにはすっかり慣れましたが、最初の頃は大変でした。まず、典型的な日本人気質の私は完璧主義な人間。他人を家に呼ぶのならば、家の掃除をしなくちゃいけないし、料理もちょっと手の込んだものを作らなくちゃいけない、と考え出すと億劫になるばかり。でも見栄っ張りなのは本人だけで、正直言って周りの人は何も気にしてはいないんですよね。

パリと我が家の途中にあって、よく泊まりに行くジョルジュの家は常に工事中。ノルマンディーらしい木組みの大きな元農家を自分たちで改装しているため、それはもう長年掛かっているのですが、最初に泊まった時のことは忘れられません。まだ1階しかできていない状態だったため、夫婦の仮の寝室は仕切りなしのサロンの脇にあったのです。彼らのベッドの横の床にマットレスを運んできてくれて、隣同士で私たちは寝たのですが、電気を消した後もおしゃべりが続き、まるで子供の頃のキャンプのよう。前

（上）フランス人はいくつになっても誕生日会を開催するのが大好き。誕生日のパートナーに内緒で計画し、驚かせるのも一般的なパターンです。この時は奥さんに内緒で、旦那さんが約20名を招待。フランス人に人気のクスクス料理を買ってきて、炭火焼きにした大量の肉とともにサービス。（下）バースデーケーキにロウソクを立てるのも、お決まりです。

魚介の盛り合わせは魚屋さんに注文すると豪勢な大皿に仕立ててくれます。自家製マヨネーズとともにひたすら食べます。

もって泊まることを決めていたのではなかったのですが、夜ごはんが長くなり、お酒も飲んでいたため、急遽ながら快く泊めてくれたのです。

ポリクロニックなフランス人は、予定変更や突然の訪問が大好きなんだとつくづく思います。というか、そもそも予定すらちゃんと立てない。旅行先でもファンファンの知人宅に泊まることがあるのですが、「相手の都合だってあるのだから、早めに電話した方がいいんじゃない？」と私が言っても、彼は直前になるまで連絡しない。そしてそんな風に突然押しかけても、いままで断られたことはありません。たとえその日に、私たちが知らない相手の友人が食事に来ることになっていても、「じゃあ、みんなで一緒に食べましょう」となるだけ。フランス人たちは嫌な顔ひとつせず、いつでも温かく迎えてくれるのです。

もちろん、フランス人の中にも家に招待することを負担に感じる人が、約30％いると言います（リサーチ会社オピニオンウェイ２０１７年フランス・イケア用統計)。現に私たちの周りにも、あまり招待したがらない知人がいます。前述したように、招待し合うのがフランス的礼儀のため、招待してもらえないのならば、家の行き来は自然と減るというもの。フランス人女性だって皆が皆、料理をすることが好きで料理上手なわけではありません。

大抵、料理が苦手な家庭に招待されると、出てくるのは魚屋さんから買って来た海の幸の盛り合わせ。見た目に豪華だし、最初のうちは私も美味しく食べるのですが、付け合わせの野菜もなく、冷たい魚介類をひたすら食べることにうんざりしてしまうことも。でも、招待しようという気があるならば、買ってきたお惣菜を出したっていいではありませんか。我が家だって料理を作るのが面倒な時は、宅配ピザを出す時だってありますとも。また、女性が料理が苦手だと、男性の方が料理好きという場合も。我が家もパティシエはファンファンですし、お互い補う部分があってこそ、カップルで暮らす意味があるというもの。

そして何といってもフランス人に大人気の招待料理は、実はバーベキューなのです。この時は例外なく、炭火を起こし、肉を焼くのはすべて家主の男性の役割。私たち女性にとっては、前菜と付け合わせの野菜を用意するだけでいいという、大助かりなメニューでも。もちろん屋外で食べることが多くなる夏に、バーベキュー頻度が高くなります。テラスのテーブルでアペリティフを飲んでいるその脇で、男性が火をおこし、肉を焼き始める。肉が香ばしく焼ける匂いが漂い、

炭火をおこし、絶妙に肉を焼き上げるのは熟練した技が必要。我が家では電気グリルで日常的に焼き肉を楽しんでいます。

テーブルに大皿を並べて気軽に楽しむ、フランス流招待料理。みんなで食卓を囲むことが何よりも大切なのです。

炭がパチパチとはぜる音がする中、のんびりとおしゃべりをしながら焼き上がるのを待つ。これこそが夏の解放感であり、外で食べる醍醐味というもの！

上流階級の家庭ならば、仕事関係やその他大勢の人々を呼んで、改まった社交パーティーを開くこともあるでしょう。でも我が家を筆頭に、一般的なフランスの家庭では、よく知らない人を家に招待することは滅多にありません。そして招待する時の料理の内容も本書で紹介したように、どれも簡単なものばかり。究極が肉を焼くだけのバーベキューなわけですが、炭火で焼いた肉の美味しさは何物にも勝ります。フランス人にとって素晴らしい食事というのは、料理のみならず。おしゃべりをする楽しい時間や、自宅や屋外での寛げる雰囲気まで、すべてを指すのです。その昔、権力や地位を見せつけるために飾られた、ブルジョワ的なテーブルや料理は、私たち一般人にとっては必要のないものなのですから。

結局のところ、自分にとっての心地よさを嗅ぎ分け、追求する点において、フランス人は優れた能力を持っているのだと思います。まるで猫が温かい陽だまりを難なく探し出し、その居心地のよい場所でぬくぬくと昼寝をするように。みんなで食べる食事は、1人で食べるよりも断然に、そして本当に美味しいものなのですから。たとえ内容が宅配ピザであろうとも、誰も文句は言いません。外で食べるこの上ない贅沢と親しい人々と一緒に食べる楽しさを、フランス人はよく知っているのです。人々の食を楽しむこの姿勢こそが、「美食の国、フランス」と言われる所以なのではないでしょうか。

だからこそ、今日も私はせっせと夜ごはんを作ります。自家製の大きな塊肉を焼き、手間暇かけてフレッシュな野菜を下ごしらえする。突然、誰かがやって来て、一気に賑やかな食卓になるかもしれませんから。

我が家から知人宅まで乗馬を楽しんだ後、夜は知人宅の敷地内でキャンプ。いつもは家に招かれる食事も、ちょっと趣を変えるだけで一気に非日常の雰囲気になります。お金をかけずに豊かに過ごす、フランス人的人生の楽しみ方です。

酒巻洋子
(Yoko SAKAMAKI)

フリー編集ライター。女子美術大学デザイン科卒業後、料理学校、ル・コルドン・ブルーに留学のため渡仏。帰国後、編集プロダクション、料理雑誌の編集部を経てフリーに。2003年、再度渡仏し、現在パリとノルマンディーを行き来する生活を送っている。パリのお散歩写真は「いつものパリ（paparis.exblog.jp）」、ノルマンディーの日常写真は「ノルマン犬猫日記（normanneko.exblog.jp）」にて公開中。
著書に『フランス人とパンと朝ごはん』、『フランス バゲットのある風景』、『パリのプチホテル』、『パリのエッフェル塔』、『パリ犬』、『パリにゃん』、『パリにゃんII』、『プチ・パリにゃん』、『カフェ・パリにゃん』（すべて産業編集センター）、『パリのマルシェのレシピ』（新紀元社）、『フランス 暮らしの中のかわいい民芸』（パイ インターナショナル）など多数。

フランス人と気の長い夜ごはん

2018年 2月15日　第一刷発行

著者　酒巻洋子
撮影　酒巻洋子
装幀　TUESDAY（戸川知啓+戸川知代）
編集　福永恵子（産業編集センター）

発行　株式会社産業編集センター
〒112-0011 東京都文京区千石4-39-17

ISBN978-4-86311-178-3 C0077